DURCHBLICK AT
DAS ALTE TESTAMENT
AUS DER VOGELPERSPEKTIVE

Günther Weber

© 2017 Günther Weber
Dieselstraße 13, 67269 Grünstadt
Tel.: 0176-45702000, Email: guentwe@gmx.de

In Zusammenarbeit mit Calvary Books, Hannover

ISBN 978-3-934957-10-7

Zitate aus dem Bibeltext der
revidierten Elberfelder Bibel © 1985/1991/2006
SCM-Verlag GmbH & Co. KG, Witten.
Wiedergegeben mit freundlicher Genehmigung.

Umschlaggestaltung:
Joanna Göbel
www.joannagoebel.com

Layout:
Marek Kominek

Druck und Verarbeitung:
Logos Press
www.logospress.pl

Herzlichen Dank an Dagmar Mosler für das Korrekturlesen!

Nachdruck, auch auszugsweise, nur mit Genehmigung des Autors.
Alle Rechte vorbehalten.

*In Liebe für David, Jonathan, Lena & Ella.
Mögt Ihr Gott und sein Wort lieben lernen!*

S.D.G.

INHALT

EINLEITUNG	7
1 – 1 MOSE	9
2 – 2 MOSE	13
3 – 3 MOSE	17
4 – 4 MOSE	21
5 – 5 MOSE	25
6 – JOSUA	27
7 – RICHTER	31
8 – RUT	35
9 – 1 SAMUEL	39
10 – 2 SAMUEL	43
11 – 1 KÖNIGE	47
12 – 2 KÖNIGE	51
13 – 1 CHRONIK	59
14 – 2 CHRONIK	63
15 – ESRA	67
16 – NEHEMIA	71
17 – ESTER	73
18 – HIOB	75
19 – PSALMEN	79
20 – SPRÜCHE	83
21 – PREDIGER	85
22 – HOHELIED	87
23 – JESAJA	91
24 – JEREMIA	93
25 – KLAGELIEDER	97
26 – HESEKIEL	99
27 – DANIEL	103
28 – HOSEA	107
29 – JOEL	109
30 – AMOS	113
31 – OBADJA	115
32 – JONA	119
33 – MICHA	123
34 – NAHUM	127
35 – HABAKUK	129
36 – ZEFANJA	131
37 – HAGGAI	133
38 – SACHARJA	137
39 – MALEACHI	139
40 – JESUS, DER MESSIAS	141
41 – DIE ZEIT ZWISCHEN DEM ALTEN UND DEM NEUEN TESTAMENT	143
Literaturverzeichnis	147

Einleitung

Jesu Erlösungswerk für uns – sein sündenloses Leben, sein Tod am Kreuz und seine Auferstehung – ist das wichtigste Ereignis der Geschichte. Die Menschheitsgeschichte ist seine Heilsgeschichte mit uns Menschen. Im Zentrum der Geschichte stehen ein Kreuz und ein leeres Grab. Das Alte Testament schaut darauf voraus und bereitet die Menschen auf Christus, den Retter, vor. Die Evangelien präsentieren uns Jesus und sein Werk. Die Briefe des Neuen Testaments schauen darauf zurück und interpretieren diese Ereignisse in einer vertiefenden Art und Weise. Das Neue Testament bezieht sich dabei oft auf alttestamentliche Prophetien, Ereignisse und Bilder. Das Alte Testament illustriert uns geistliche Wahrheiten, die im Neuen Testament dargelegt sind. *Diese Dinge aber sind als Vorbilder für uns geschehen* (1 Korinther 10:6). Ein grundlegendes Verständnis des Alten Testaments legt daher einen wichtigen Grundstein für unser Verstehen von Gottes Heilswirken mit uns Menschen. Ein solches Fundament zu legen, ist das Ziel dieses Buches. Es soll einen schnellen Überblick über Gottes Handeln im Alten Testament vermitteln, immer mit einem Blick voraus auf Jesus Christus und der Frage nach der persönlichen Anwendung. Der historische und biblische Kontext, der Inhalt, der Aufbau und der geistliche Zweck jedes alttestamentlichen Buches werden kurz und verständlich zusammengefasst.

Diese Kurzüberblicke über jedes alttestamentliche Buch dienten ursprünglich als Handzettel für eine Predigtserie durch das Alte Testament, die ich später überarbeitete und ergänzte. Wir nahmen uns für jedes Buch einen Abend Zeit.

Nur ein geringer Teil dieser Bibelstudien ist auf meinem eigenen Mist gewachsen. Es ist mir aus der Entstehungsgeschichte heraus leider nur mehr teilweise möglich, genaue Quellenverweise anzuführen. Ich möchte meine Quellen aber hier in Dankbarkeit offenlegen und anerkennen:
Die Grundlage bildeten die Handzettel und meine Notizen von einem Überblickskurs durch das Alte Testament, den Tim Anderson an der Calvary Teams Bibelschule lehrte. Zusätzlich konzentrierte ich mich bei meiner Vorbereitung auf folgende „Klassiker" der englischen Literatur zum Thema:
Gleason L. Archer: „A Survey of Old Testament Introduction",
J. Sidlow Baxter: „Explore the Book",
Stanley A. Ellisen: „Von Adam bis Maleachi",
Norman Geisler: „A Popular Survey of the Old Testament",
G. Campbell Morgan: „Handbook for Bible Teachers and Preachers" und „The Analyzed Bible",
W. Graham Scroggie: „The Unfolding Drama of Redemption",
sowie die Einführungen der „Open Bible".
Jeremy Kirby stellte mir freundlicherweise die Handzettel seines Kurses durch das Alte Testament zur Verfügung.
Die Bibelzitate sind im Allgemeinen der revidierten Elberfelder Übersetzung entnommen.

Ich hoffe, dass dieses Material Sie ermutigen wird, durch das Alte Testament zu lesen und Ihnen bei Ihrem persönlichen Bibelstudium eine Hilfe sein wird. Ich wünsche Ihnen, dass Sie mit so viel Freude und neuen Erkenntnissen beschenkt werden, wie ich beim Zusammenstellen. *Mögen Sie in der Gnade und Erkenntnis unseres Herrn und Heilandes Jesus Christus wachsen!**

---
* 2 Petrus 3:18

1 Mose

Autor
Mose. *Mose wurde unterwiesen in aller Weisheit der Ägypter; er war aber mächtig in seinen Worten und Werken* (Apostelgeschichte 7:22). Niemand in Israel war besser vorbereitet, dieses Buch zu schreiben.
Mose führte Israel aus der Sklaverei in Ägypten und wurde von Gott benutzt, um Israel als Nation zu festigen.
Die Bibel (Jesus und die Apostel), die Kirchengeschichte, Josephus, der jüdische Historiker des 1. Jh., und der Jerusalemer Talmud überliefern, dass Mose die ersten 5 Bücher der Bibel geschrieben hat. (S. 2 Mose 17:4, 3 Mose 1:1-2, 4 Mose 33:2, 5 Mose 1:1, Josua 1:7, 1 Könige 2:3, 2 Könige 14:6, Esra 6:18, Nehemia 13:1, Daniel 9:11-13, Maleachi 4:4, Matthäus 8:4, Markus 12:26, Lukas 16:29, Johannes 7:19, Apostelgeschichte 26:22, Römer 10:19, 1 Korinther 9:9, 2 Korinther 3:15.) Jesus selbst bestätigte Mose als Autor in Matthäus 19:7-9, Markus 7:10, Lukas 20:28 und Johannes 5:45-47.
In 1 Mose selbst ist kein Hinweis auf den Autor des Buches zu finden.

Zeit
Ca. 1440 v. Chr., geschrieben in der Wüste Sinai. Es werden Ereignisse von der Schöpfung bis 1800 v. Chr. beschrieben.

Inhalt
Buch der Anfänge. Originaltitel im Hebräischen: „Im Anfang" (V. 1).
1 Mose beinhaltet den Anfang von fast allem, außer Gott: dem Beginn des Universums, der Zeit, des Lebens, der Menschen, der Ehe, der Familie, der Sünde, des Todes, der Erlösung, der Opfer, der Prophetie, der Literatur, der Musik, der Technologie, der Städte, der Sprachen, des Sabbats, der Beschneidung, des Bundes, der Gerechtigkeit aus Glauben und der Nation Israel.

Überblick
Kapitel 1-11: 4 Schlüsselereignisse: Schöpfung

                              Sündenfall (Degeneration:
                                  Individuum – Familie – Gesellschaft)

                            Flut (Gericht) → Noah & Familie: durchs
                                           Wasser hindurch gerettet:
                                           Bild für die Taufe
                                           (1 Petrus 3:20-21)

                            Entstehung der Nationen
                            (Sprachenverwirrung)

→ die Wurzel der Menschheit

Kapitel 12-50: 4 Schlüsselpersonen: Abraham
　　　　　　　　　　　　　　　　Isaak → Isaak und Ismael repräsentieren zwei
　　　　　　　　　　　　　　　　　　　　Bünde (Galater 4:22-27) und das
　　　　　　　　　　　　　　　　　　　　Fleisch bzw. den Geist (Galater 4:29).
　　　　　　　　　　　　　　　　Jakob
　　　　　　　　　　　　　　　　Josef
　　　　　→ die Wurzel der Nation Israel

Anmerkung: Von Adam bis Jakob sind es nur die Lebensspannen von 4 Personen: Adam* war Zeitgenosse von Lamech, Noahs Vater. Noah war Zeitgenosse von Abraham. Abraham war Zeitgenosse von seinem Enkel Jakob. Von der Schöpfung Adams bis zu Josefs Tod sind es 2369 Jahre (nach dem masoretischen Text). Von Josefs Tod bis zu Moses Geburt sind es 278 Jahre (430 Jahre waren die Israeliten in Ägypten).

Anmerkung: Siehe, wie Gott mit verschiedenen Persönlichkeiten individuell handelt und sie gebraucht. Isaak, der eher passive und ruhige Mann, der Brunnen grub, war genauso wichtig in Gottes Plan, wie Abraham, der Pionier des Glaubens und der ruhelose Jakob.
Wir sehen die Souveränität Gottes bei der Schöpfung und bei der Erwählung der Vorväter Israels. Er hat alles unter Kontrolle und er gebraucht alle Dinge zum Guten im Leben derer, die ihn lieben (1 Mose 50:20; Römer 8:28).
Hebräer 11 nennt Abel, Henoch, Noah, Abraham, Isaak, Jakob und Josef als Vorbilder für den Glauben.

Schlüsselverse

1:1　　*Im Anfang schuf Gott den Himmel und die Erde.*

3:15　　Erste Prophetie über das Erlösungswerk Jesu. Gleich nach dem Sündenfall beginnt Gott in seiner großen Liebe mit seinem Heilshandeln für die Menschen.

12:1-3　Gottes Verheißung an Abraham: *... Geh aus deinem Land ... in das Land, das ich dir zeigen werde! ... Ich will dich zu einer großen Nation machen, und ich will dich segnen! ... In dir sollen gesegnet werden alle Geschlechter der Erde!*

Zweck

Mose wollte den Israeliten ihre Wurzeln erklären. Unter anderem, um das in der Wüste umherziehende Volk zu ermutigen und ihm Vision zu vermitteln (s. 15:12-16). 1 Mose wurde auch für alle Menschen geschrieben, damit wir verstehen können, wo wir herkommen und wo wir hingehen. Nur so können wir verstehen, wer wir sind.

Von Anfang an wird Gottes Erlösungsplan durch ein stellvertretendes, unschuldiges Opfer, dessen Blut unsere Sünden bedeckt, präsentiert (s. 3:15+3:21). Gott lehrt uns Menschen von Anfang an, wie wir gerettet werden können: *Der Gerechte aber wird aus Glauben leben* (Römer 1:17; s. 1 Mose 15:6).

---

* Erschaffen ca. 4141 v. Chr. nach Anderson, 4004 nach Ussher; genaue Bestimmung nicht möglich. Die Zeitangaben in den Stammbäumen des hebräischen (masoretischen) Textes, des samaritischen Textes und des griechischen Textes (der Septuaginta, LXX) weichen voneinander ab.

Christus in 1 Mose
Der Stammbaum Jesu:
3:15   Nachkomme der Frau → Beginn der Prophetie
4:25   Nachkomme Sets
12:3   Nachkomme Abrahams
21:12 Nachkomme Isaaks
25:23 Nachkomme Jakobs
49:10 Nachkomme Judas

Das Neue Testament nennt Adam (Römer 5:14) und Melchisedek (Hebräer 7) als Bilder von Jesus Christus.
Die Überlieferung des Opfergangs von Abraham und Isaak auf den Berg Moria in Kapitel 22 ist ein eindrucksvolles Bild für das Werk Christi am Kreuz (s. Hebräer 11:17–18).

Ein assyrischer Sintflutbericht aus dem 7. Jh. v. Chr. aus Ninive. Britisches Museum, London.

2 Mose

Autor
Mose. *Mose wurde unterwiesen in aller Weisheit der Ägypter; er war aber mächtig in seinen Worten und Werken* (Apostelgeschichte 7:22). Niemand in Israel war besser vorbereitet, dieses Buch zu schreiben.
Mose führte Israel aus der Sklaverei in Ägypten und wurde von Gott benutzt, um Israel als Nation zu festigen.
Die Bibel (Jesus und die Apostel), die Kirchengeschichte, Josephus, der jüdische Historiker des 1. Jh., und der Jerusalemer Talmud überliefern, dass Mose die ersten 5 Bücher der Bibel geschrieben hat. (S. 2 Mose 17:4, 3 Mose 1:1-2, 4 Mose 33:2, 5 Mose 1:1, Josua 1:7, 1 Könige 2:3, 2 Könige 14:6, Esra 6:18, Nehemia 13:1, Daniel 9:11-13, Maleachi 4:4, Matthäus 8:4, Markus 12:26, Lukas 16:29, Johannes 7:19, Apostelgeschichte 26:22, Römer 10:19, 1 Korinther 9:9, 2 Korinther 3:15.) Jesus selbst bestätigte Mose als Autor in Matthäus 19:7-9, Markus 7:10, Lukas 20:28 und Johannes 5:45-47.
Es ist klar, dass der Autor ein Augenzeuge des Exodus gewesen sein muss, und dass er gebildet war. Er war vertraut mit Details über die Gebräuche und das Klima in Ägypten und die Pflanzen, die Tiere und die Landschaft in der Wüste.

Moses Leben lässt sich in 3 Abschnitte zu je 40 Jahren einteilen. Die ersten 40 Jahre verbrachte er am Königshof des Pharaos und erhielt die Bildung eines Königssohnes. Die nächsten 40 Jahre lebte er als Flüchtling in Midian. Gott bereitete ihn 80 Jahre lang auf seine Mission vor. Die letzen 40 Jahre war Mose der Führer der Nation Israel.

Zeit
Geschrieben während des 40 Jahre langen Aufenthaltes in der Wüste, 1445-1405 v. Chr.

Inhalt
Der Auszug („Exodus").
2 Mose dokumentiert die Entstehung des nationalen Lebens, des Gesetzes und der Religion Israels.
Eine Nation entsteht: Die jüdische Familie von 70 Familienoberhäuptern vermehrt sich schnell in Ägypten. 2-3 Mio. Menschen ziehen aus Ägypten aus und werden von Gott geführt, beschützt und versorgt. Israel wurde erlöst aus der Sklaverei in Ägypten zu einer Bundesbeziehung mit Gott.
Das Schlüsselereignis ist das Passahfest im 12. Kapitel. Es ist das „Kreuz im Alten Testament". Es weist auf Jesus, das Lamm Gottes, hin.
Mose ist die Hauptperson in diesem Buch. Das Buch beginnt mit der Geschichte Moses, wie Gott ihn vorbereitet auf sein großes Werk (die ersten 40 Jahre: Ausbildung im Palast des Pharaos; die nächsten 40 Jahre: Hirte in der Wüste, in die er das Volk führen wird). Die 10 Plagen richten die ägyptischen Götter.
Nach dem Exodus begründet der HERR die Nation Israel durch einen Gesetzesbund. Das Heiligtum mit der Bundeslade zeigt Gottes Gegenwart im Zentrum ihres Lebens.

Anmerkung:
1.) Jeder Mann und jede Frau Gottes wird Wüstenzeiten in seinem/ihrem Leben erleben.
2.) Gott bereitet auch uns auf unsere Aufgaben vor.

Überblick

Kapitel 1-18: Der Auszug (1-5: Sklaverei, 6-18: Befreiung) → neue Freiheit

Kapitel 19-24: Das Gesetz → neue Art der Regierung (Theokratie) → Orga-

Kapitel 25-40: Das Heiligtum → neue Form der Gemeinschaft mit Gott → nisation

Schlüsselverse

6:6-8 Verheißung der Befreiung aus der Sklaverei

19:5-6 Verheißung des Bundes: *Wenn ihr willig auf meine Stimme hören und meinen Bund halten werdet, dann sollt ihr aus allen Völkern mein Eigentum sein...*

Zweck

Mose berichtet über die Gründung der Nation Israel. Ihr Fundament ist der Bund mit Gott, der auf blutigen Opfern aufgebaut ist. Diese sind ein Bild für das, was Gott für alle Menschen durch die Person Jesu Christi (das „Lamm Gottes") tun wird.

Christus in 2 Mose

Es gibt keine direkten messianischen Prophetien in diesem Buch, aber viele Bilder von Jesus Christus: Mose als Mittler und Fürbitter (2 Mose 18:15, 32:11-14, 30-32), das Passah (1 Korinther 5:7), das Manna (Johannes 6:32-33), der Fels (1 Korinther 10:4), das Heiligtum (Hebräer 9:8-9) und der Hohepriester (Hebräer 8:1).

Die 10 Plagen in Ägypten		
Nr.	*Plage*	*Götze, der gerichtet wird*
1	Blut	der Fluß Nil, Osiris (Der Nil war sein Blutstrom), Hapi („Geist" des Nils)
2	Frösche	die Wassergöttin Heket (hatte einen Froschkopf)
3	Mücken	Geb (Seb), Gott der Erde
4	Stechfliegen (Scroggie: Käfer)	Watchet?, Hathor, (der heilige Skarabäus)?
5	Viehpest	Apis, der heilige Bulle, der den Gott Ptah verkörperte; Mnevis, der Stier von Heliopolis; Göttin Hathor (als Kuh dargestellt)
6	Geschwüre	Sachmet, Göttin der Krankheit; Serapis, Imhotep, Götter der Heilung
7	Hagel	Schu, die Atmosphäre; Nut, Himmelsgöttin; Seth, Beschützer der Ernten; Isis, Schutzherrin aller Wesen
8	Heuschrecken	Seth, Isis, Manche: Serapis, Schutzherr vor Heuschrecken
9	Dunkelheit	Sonnengötter bzw. Lichtgötter Re, Amun-Re, Aton, Atum, Horus; Mondgott Thot
10	Tod der Erstgeborenen	alle Götter, inklusive Pharao (12:12); Kult des Erstgeborenen

DIE 10 GEBOTE			
1. Gebot	Keinen Gott neben mir haben		Beziehung zu Gott
2. Gebot	Kein Götterbild machen		
3. Gebot	Den Namen des Herrn nicht zu Nichtigem aussprechen		
4. Gebot	Sabbat		
5. Gebot	Ehre Vater und Mutter		Beziehung zu Menschen
6. Gebot	Nicht morden		
7. Gebot	Nicht ehebrechen		
8. Gebot	Nicht stehlen		
9. Gebot	Nicht falsch aussagen		
10. Gebot	Nicht begehren		

DAS HEILIGTUM ISRAELS

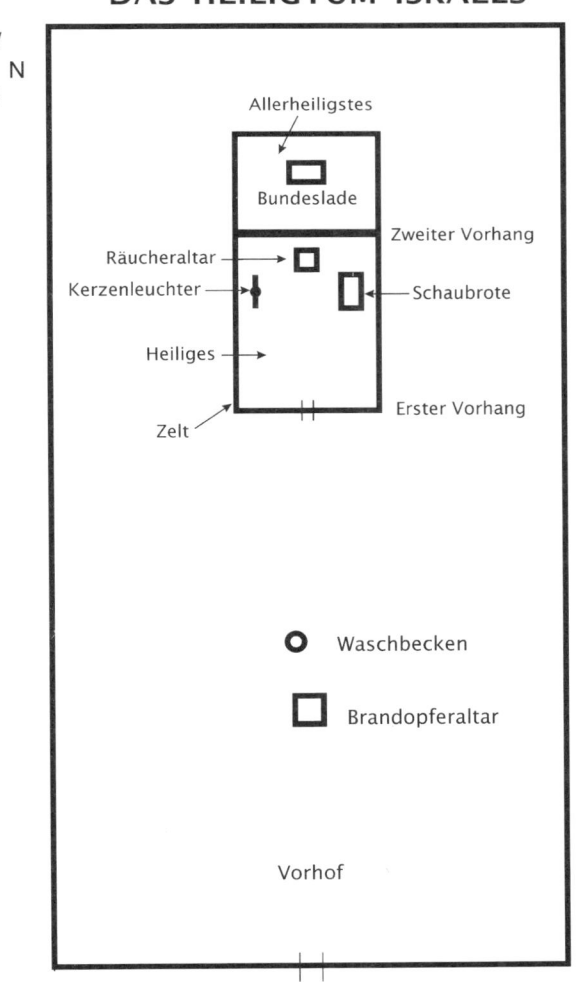

W
S   N
O

- Allerheiligstes
- Bundeslade
- Zweiter Vorhang
- Räucheraltar
- Kerzenleuchter
- Schaubrote
- Heiliges
- Erster Vorhang
- Zelt
- ○ Waschbecken
- ☐ Brandopferaltar
- Vorhof

Ein originalgetreues Modell der Stiftshütte im Timna Park, Israel.
(Autor: Ruk7, Wikimedia Commons, CC-BY-SA-3.0.)

DIE EINRICHTUNGSGEGENSTÄNDE DES HEILIGTUMS	
Gegenstand	*Geistliche Bedeutung*
Im äußeren Hof: der Brandopferaltar	Sündige Menschen können sich Gott nur durch ein sühnendes Opfer nahen. → Jesus, das Lamm Gottes
Das bronzene Waschbecken	Notwendigkeit der geistlichen Reinigung und Erneuerung
Im Heiligtum: rechts: Tisch mit Schaubroten	geistliche Nahrung → Jesus, das Brot des Lebens
links: Kerzenleuchter	geistliche Erleuchtung → Jesus, das Licht der Welt
Vor dem Vorhang zum Allerheiligsten: der Räucheraltar	Gebet
Der Vorhang	die Heiligkeit Gottes → Jesus: „Ich bin die Tür"
Im Allerheiligsten: die Bundeslade	die Bundesbeziehung zwischen Gott und seinem Volk
Der Sühnedeckel	die Gegenwart Gottes & das vollkommene Erlösungswerk Christi (s. 25:10 ff + Johannes 20:12)

3 Mose

Autor
Mose. *Mose wurde unterwiesen in aller Weisheit der Ägypter; er war aber mächtig in seinen Worten und Werken* (Apostelgeschichte 7:22). Niemand in Israel war besser vorbereitet, dieses Buch zu schreiben.

Mose führte Israel aus der Sklaverei in Ägypten und wurde von Gott benutzt, um Israel als Nation zu festigen.

Die Bibel (Jesus und die Apostel), die Kirchengeschichte, Josephus, der jüdische Historiker des 1. Jh., und der Jerusalemer Talmud überliefern, dass Mose die ersten 5 Bücher der Bibel geschrieben hat. (S. 2 Mose 17:4, 3 Mose 1:1-2, 4 Mose 33:2, 5 Mose 1:1, Josua 1:7, 1 Könige 2:3, 2 Könige 14:6, Esra 6:18, Nehemia 13:1, Daniel 9:11-13, Maleachi 4:4, Matthäus 8:4, Markus 12:26, Lukas 16:29, Johannes 7:19, Apostelgeschichte 26:22, Römer 10:19, 1 Korinther 9:9, 2 Korinther 3:15.) Jesus selbst bestätigte Mose als Autor in Matthäus 19:7-9, Markus 7:10, Lukas 20:28 und Johannes 5:45-47. Jesus bestätigt, dass Mose 3 Mose verfasst hat, in Matthäus 8:4.

56-mal finden wir in 3 Mose die Phrase *„der HERR redete zu Mose"*.

Zeit
Geschrieben in einem Monat, 1445 v. Chr. (s. 2 Mose 40:17 und 4 Mose 1:1).

Inhalt
3 Mose ist ein Handbuch für die Priester. Es ist ein Buch voller Gesetze. Es erklärt, wie ein unheiliges Volk eine Beziehung mit einem heiligen Gott haben kann. 2 Mose beschreibt Israels Errettung und 3 Mose wie ihre Beziehung mit Gott aussehen muss – eine Beziehung mit Gott auf der Grundlage des Gesetzes. Teil 1 lehrt sie, dass das Blut sie reinigt und Teil 2 lehrt sie, wie sie im Licht wandeln (richtig leben) können (s. 1 Johannes 1:7). Zuerst kommt die Reinigung und Versöhnung mit Gott durch ein stellvertretendes Opfer, dargebracht durch einen Mittler (Priester) und dann die Heiligung (das praktische Ausleben der Beziehung mit Gott). Beziehung mit Gott erlangt man durch das Opfer, nicht durch das Halten der Verhaltensregeln (niemand kann das Gesetz halten). Unsere Heiligung ist die Folge der Beziehung mit Gott, nicht die Voraussetzung dafür. 3 Mose zeigt uns die Ernsthaftigkeit, die Schrecklichkeit und die Konsequenz der Sünde (Tod) im Licht von Gottes Heiligkeit. Es zeigt aber auch die Möglichkeit von Erlösung durch Gottes Liebe und Gnade in Form eines stellvertretenden Opfers und die Möglichkeit eines heiligen Lebens in Beziehung mit Gott.

Überblick

Kapitel 1-17: Opfer/Anbetung/Weg zu Gott/Reinigung

    Kapitel 1-5:   5 Opfer
    Kapitel 6-17: wie der Priester diese darbringen soll

→ die Grundlage für Gemeinschaft mit Gott

Kapitel 18-27: Heiligung/Absonderung/Charakter + Verhalten/Leben mit Gott/Reinheit

→ die Verpflichtungen aus der Gemeinschaft

<u>Oder:</u> Grundlage für Gemeinschaft – Opfer: Kapitel 1-17

die Opfer	1-7
die Priester	8-10
das Volk (Reinigung)	11-16
der Altar	17

Leben in Gemeinschaft – Absonderung: Kapitel 18-27

Regeln: für das Volk	18-20
für die Priester	21-22
für Feste	23
Symbole der Hingabe und Lästerer	24
Ordnungen für das Verheißene Land	25
Segen und Fluch	26
Gelübde und Zehnte	27

Schlüsselverse

17:11 Sühnung durch Blut

19:2   *Ihr sollt heilig sein; denn ich, der HERR, euer Gott, bin heilig.*

19:18 *Du sollst deinen Nächsten lieben wie dich selbst.*

Schlüsselworte

heilig (über 150-mal im Hebräischen; verschiedene deutsche Wörter),
Blut: 60-mal,
„*Es wird ihm vergeben werden*": 10-mal

Zweck

Laut jüdischer Tradition war 3 Mose das erste Buch welches Kindern gelehrt wurde, damit sie eine Hauptcharakteristik Gottes kennenlernen: seine Heiligkeit.
3 Mose lehrt uns die Heiligkeit Gottes und die Ernsthaftigkeit von Sünde.
→ Das Grundproblem des Menschen ist Sünde (nicht mangelnde Bildung, ...)!
Dieses Buch sollte uns zu Christus bringen. 3 Mose ist das gesetzlichste Buch in der Bibel. Wenn das Gesetz *unser Zuchtmeister auf Christus hin* ist (Galater 3:24), dann sollten wir nach der Lektüre dieses Buches zu Jesus laufen.

3 Mose zeigt uns, dass trotz unserer Sündhaftigkeit Versöhnung mit Gott möglich ist (Gott liebt sein Volk und ist gnädig). Das Buch zeigt uns des Weiteren, wie Versöhnung mit Gott möglich ist (Gott bereitet einen Weg): durch Opfer, Altar, Priester (alles erfüllt in Jesus und seinem vollendeten Werk am Kreuz).

3 Mose betont auch die Notwendigkeit eines abgesonderten, heiligen Lebens für Gott. Das Gesetz soll diese Absonderung des jüdischen Volks von den anderen Völkern sicherstellen.

3 Mose enthält außerdem das Zivilrecht und Strafrecht für die Theokratie Israels. Dieses enthält viele wertvolle Prinzipien, die auch heute noch relevant sind in Bereichen wie Eigentumsrecht, Wohlfahrt, Ehe und Scheidung, Rolle des Staates, etc.

Über 40-mal wird 3 Mose im Neuen Testament zitiert.

Christus in 3 Mose
Der Hebräerbrief ist der beste Kommentar zu 3 Mose. Er lehrt uns, dass jede Art von Opfer bildhaft auf Jesus hinweist (seinen stellvertretenden Tod): Das Blut erwirkt Sühnung (17:11, Matthäus 26:27-28). ER ist das ultimative Opfer, das allen anderen Opfern ein Ende setzt. ER ist der große Hohepriester, der uns in die Gegenwart Gottes bringt.

DIE OPFER					
Opfer	*Bild für Jesus*	*Bild für unsere Beziehung mit Gott*		Jesus	Wir
Brandopfer	völlige Hingabe, freiwillig, Erlösung Hebräer 10:5-7	völlige Hingabe	als „wohlgefälliger Geruch", freiwillig	↓	↑
Speisopfer	Vollkommenheit Jesu, ohne Sünde Hebräer 10:5	Hingabe der Werke unserer Hände.		↓	↑
Heilsopfer	Jesus ist unser Heil, Gemeinschaft mit Gott durch ihn Epheser 2:14	Gemeinschaft, Kommunion		↓	↑
Sündopfer	Jesus ist für uns zur Sünde geworden, er starb für die Sünden der Welt. 2 Korinther 5:21 Hebräer 9:12,26 1 Johannes 1:9	unsere sündige Natur	verpflichtend	↓	↑
Schuldopfer	Jesus ist für meine konkreten Sünden gestorben. 2 Korinther 5:19	spezifische Sünden, Wiedergutmachung		↓	↑

DIE JÄHRLICHEN FESTE ISRAELS

Monat	Tag	Fest	Historisches Gedenken	Prophetische Erfüllung	
Nisan (März/April) 1. Monat religiöses Jahr, 7. Monat ziviles Jahr	14. zwischen den Abenden	Passah	Befreiung aus Ägypten, Lämmer untersucht vom 10.-14. Tag	Jesus, unser Passah (1 Korinther 5:7) ohne Fehler (Johannes 19:4, 1 Petrus 1:18-21), kein Bein gebrochen (1 Mose 12:46; Johannes 19:4)	
	15.-21.	Fest der ungesäuerten Brote	Eile beim Auszug (Sauerteig: manchmal im NT ein Bild für Sünde)	Jesus, der ohne Sünde war, wurde für uns zur Sünde gemacht (2 Korinther 5:21)	Teilnahmepflicht für alle Männer (5 Mose 16:16)
	Tag nach d. Sabbat nach dem Passah	Erstlinge	Repräsentativ für die ganze Ernte, Erntedank für die Gerstenernte	Jesus ist am Morgen nach dem Sabbat aus den Toten auferstanden als der Erstling der Entschlafenen (1 Korinther 15:20-23)	
+ 49 Tage Abib, (Mai/Juni) 3. Monat religiöses Jahr, 10. Monat ziviles Jahr	6.	Pfingstfest, Fest der Wochen	Erntedank für die Weizenernte, Schwingopfer von 2 gesäuerten Broten, Gesetzgebung (2 Mose 19), Geburt der Nation Israel	Geburt der Gemeinde (Apostelgeschichte 2:1-47)	Teilnahmepflicht
Tishri (Sept/Okt) 7. Monat religiöses Jahr, 1. Monat ziviles Jahr	1.	Fest des Lärmblasens	Ruhe und Erinnerung	Entrückung der Gläubigen? (1 Korinther 15:21-52)	
	10.	Versöhnungstag	Sühnung für das Volk erwirkt	Versöhnungswerk Christi am Kreuz (Johannes 20:12, Hebräer 9:1-16) Wiederkunft Jesu am Ende der Erntezeit (Hohepriester zurück aus dem Heiligtum)	
	15.-21.	Laubhüttenfest	Erntedankfest, Erinnerung an die Wanderung in der Wüste	Jesu Herrschaft über die Nationen	Teilnahmepflicht

4 Mose

Autor
Mose. *Mose wurde unterwiesen in aller Weisheit der Ägypter; er war aber mächtig in seinen Worten und Werken* (Apostelgeschichte 7:22). Niemand in Israel war besser vorbereitet, dieses Buch zu schreiben.
Mose führte Israel aus der Sklaverei in Ägypten und wurde von Gott benutzt, um Israel als Nation zu festigen.
Die Bibel (Jesus und die Apostel), die Kirchengeschichte, Josephus, der jüdische Historiker des 1. Jh., und der Jerusalemer Talmud überliefern, dass Mose die ersten 5 Bücher der Bibel geschrieben hat. (S. 2 Mose 17:4, 3 Mose 1:1-2, 4 Mose 33:2, 5 Mose 1:1, Josua 1:7, 1 Könige 2:3, 2 Könige 14:6, Esra 6:18, Nehemia 13:1, Daniel 9:11-13, Maleachi 4:4, Matthäus 8:4, Markus 12:26, Lukas 16:29, Johannes 7:19, Apostelgeschichte 26:22, Römer 10:19, 1 Korinther 9:9, 2 Korinther 3:15.) Jesus selbst bestätigte Mose als Autor in Matthäus 19:7-9, Markus 7:10, Lukas 20:28 und Johannes 5:45-47.
Es gibt über 80-mal die Aussage *„Der HERR sprach zu Mose"* in 4 Mose. In 33:2 steht: *„Und Mose schrieb ihre Aufbruchsorte auf nach ihren Lagerplätzen nach dem Befehl des HERRN"*.
Mehrere Stellen im Neuen Testament beziehen sich auf Ereignisse in 4 Mose und bringen sie mit Mose in Verbindung (s. Johannes 3:14, Apostelgeschichte 7+13, 1 Korinther 10:1-11, Hebräer 3+4, Judas 11).

Zeit
Geschrieben während der Zeitperiode in der Wüste 1445-1405, vor allem gegen Ende dieser Zeit. 4 Mose beschreibt die Geschichte Israels vom 2. Monat des zweiten Jahres nach dem Auszug (1:1) bis zum zehnten Monat im vierzigsten Jahr (5 Mose 1:3). (→ 38 Jahre der Wanderung nach der Krise in Kapitel 14 [Von Kadesch-Barnea bis nach dem Tod Aarons → 5 Mose 2:14], 40 Jahre nach dem Auszug aus Ägypten.)

Inhalt
4 Mose ist das Buch der Wanderung (nach Kapitel 14, eher: des Aufenthalts; 14:4+20:1) in der Wüste. Es beschreibt die Organisation des Volkes und die Vorbereitung auf die Eroberung des Verheißenen Landes. Es ist auch das Buch des „Murrens" und der Rebellion. Es beinhaltet die Geschichte einer langen Züchtigung als Folge von Ungehorsam und Unglauben. Der Kern des Buches ist die Konsequenz von Israels Rebellion. Aus einer Wanderung über die Entfernung von 11 Tagesreisen (5 Mose 1:2) wurde ein Aufenthalt in der Wüste von fast 39 Jahren. Das Buch berichtet zwei Volkszählungen in den Kapiteln 1 und 26 (ca. 2,5 Mio. Menschen). Dies betont das Aussterben der alten Generation und das Heranwachsen einer neuen Generation.

Überblick
Kapitel 1-14: Alte Generation: von Sinai nach Kadesch
Kapitel 15-20: Wanderung in der Wüste, Gottes Züchtigung
Kapitel 21-36: Neue Generation: von Kadesch (20:22) nach Moab

Schlüsselvers
14:22-23 Ungehorsame und Ungläubige dürfen das Verheißene Land nicht betreten.

Schlüsselworte
Wüste, murrten

Zweck
Zurüstung zum Dienst auf dem Weg vom Berg Gottes zum Verheißenen Land. Das Verheißene Land bringt die Notwendigkeit zu kämpfen mit sich. Gott trainierte eine Gruppe von undisziplinierten Ex-Sklaven und bereitete sie auf den Krieg vor. Die Zählung (Organisation), die Trompetensignale, die Lagerordnung und das bedingungslose Folgen der Führung Gottes durch die Wolkensäule (9:15-23) erinnert an militärisches Training. Zurüstung zum Dienst beinhaltet darüber hinaus auch Züchtigung für Unglauben und Rebellion.
Das Volk muss lernen, Gott zu vertrauen. Gottvertrauen ist der Schlüssel zum Sieg.

Anmerkungen:
→ Gott möchte uns lehren zu kämpfen und ihm zu vertrauen. Er will uns demütig machen und prüft uns (5 Mose 8:2-5). → Wichtig ist, dass wir willig kooperieren.
→ Das Verheißene Land ist das Land des Sieges.
→ Die Wüste ist der Ort, an dem wir lernen zu kämpfen, Gott zu vertrauen und zu gehorchen.
→ Wir werden alle durch Wüstenzeiten gehen. → Gnade + Fürsorge (Erziehung)

4 Mose ist auch eine Warnung gegen Ungehorsam und Unglauben:
→ Wir können Wüstenzeiten durch Ungehorsam und Unglauben verlängern. Mangel an Vertrauen kann Gottes Absicht für dein Leben behindern bzw. verzögern.
→ Wenn du ungehorsam warst: Geh zurück nach Kadesch, an den Ort, an dem du ungehorsam warst, tu Buße und geh von dort weiter.
→ Die Sünde, die am Anfang stand, war Unglaube und Unzufriedenheit → Murren führt zu Ungehorsam.
→ *Welchen aber schwur er, dass sie nicht in seine Ruhe eingehen sollten, wenn nicht denen, die ungehorsam gewesen waren? Und wir sehen, dass sie wegen des Unglaubens nicht hineingehen konnten. Fürchten wir uns nun, dass wir nicht etwa, während die Verheißung, in seine Ruhe einzugehen, noch aussteht, jemand von euch als zurückgeblieben erscheint* (Hebräer 3:18-20).
→ Gottes Volk kann nur vorangehen, solange es ihm vertraut und sich auf seine Kraft verlässt. Nur dann können wir seinen Frieden erfahren.
→ 1 Korinther 10:1-11: *Denn ich will nicht, dass ihr in Unkenntnis darüber seid, Brüder, dass unsere Väter alle unter der Wolke waren und alle durch das Meer hindurchgegangen sind und alle in der Wolke und im Meer auf Mose getauft wurden und alle dieselbe geistliche Speise aßen und alle denselben geistlichen Trank tranken; denn sie tranken aus einem geistlichen Felsen, der sie begleitete. Der Fels aber war der Christus. An den meisten von ihnen aber hatte Gott kein Wohlgefallen, denn sie sind in der Wüste hinge-*

streckt worden. Diese Dinge aber sind als Vorbilder für uns geschehen, damit uns nicht nach bösen Dingen gelüstet, wie es jene gelüstete. Werdet auch nicht Götzendiener wie einige von ihnen, wie geschrieben steht: «das Volk setzte sich nieder, zu essen und zu trinken, und sie standen auf, zu spielen.» Auch lasst uns nicht Unzucht treiben, wie einige von ihnen Unzucht trieben und es fielen an einem Tag dreiundzwanzigtausend. Lasst uns auch den Christus nicht versuchen, wie einige von ihnen ihn versuchten und von den Schlangen umgebracht wurden. Murrt auch nicht, wie einige von ihnen murrten und von dem Verderber umgebracht wurden. Alles dies aber widerfuhr jenen als Vorbild und ist geschrieben worden zur Ermahnung für uns, über die das Ende der Zeitalter gekommen ist.

→ Gott führt und versorgt sein Volk. Seine Treue ist größer als ihr Versagen und ihre Untreue. Er bleibt treu, selbst wenn wir untreu sind (2 Timotheus 2:13). Er ist gütig (5 Mose 8:2-5). Gott wird seinen Plan vollbringen.

Christus in 4 Mose
Jesus war der Fels, der sie begleitete (1 Korinther 10:4). Die bronzene Schlange, die Heilung brachte (21:4-9), war ein Bild für Christus (Johannes 3:14). Das Manna vom Himmel ist ein Bild für „das Brot des Lebens" (Johannes 6:31-33). Die Zufluchtsstädte (Kapitel 35) sind ein Bild für unsere Ruhe in Jesus. Bileam sieht die Herrschaft Jesu Christi voraus (24:17).

Mose-Denkmal auf dem Berg Nebo, Jordanien. S. 4 Mose 21:4-9.

DIE LAGERORDNUNG DER STÄMME ISRAELS IN DER FORM EINES KREUZES

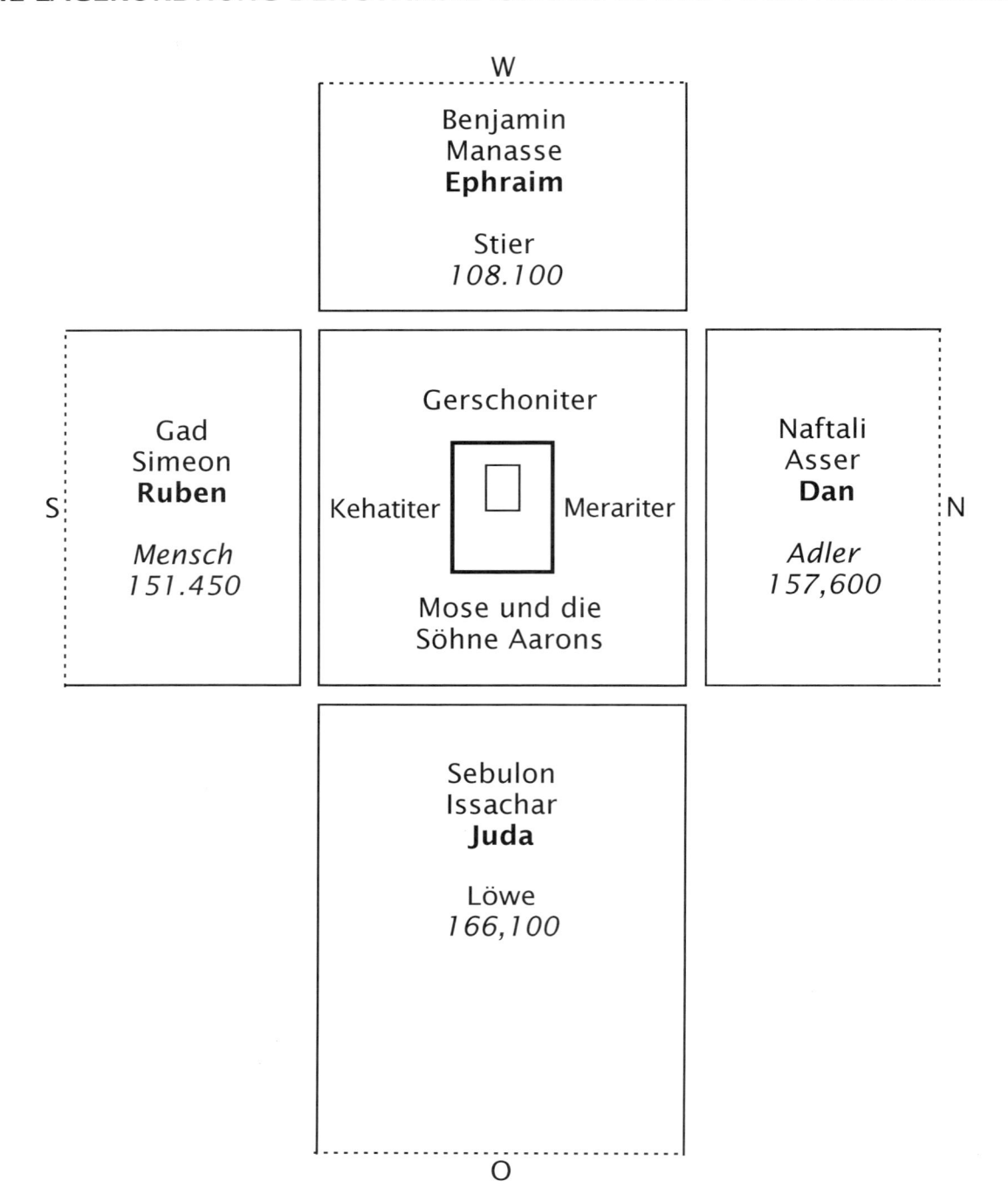

W

Benjamin
Manasse
Ephraim

Stier
108.100

Gad
Simeon
Ruben

Mensch
151.450

S

Gerschoniter

Kehatiter   Merariter

Mose und die
Söhne Aarons

Naftali
Asser
Dan

Adler
157,600

N

Sebulon
Issachar
Juda

Löwe
166,100

O

Naftali	Benjamin	Die heiligen Geräte, getragen von den Kehatitern	Simeon	Das Heiligtum, getragen von den Gerschonitern & Meraritern	Sebulon	Bundes-
Dan	Ephraim		Ruben		Juda	
Asser	Manasse		Gad		Issachar	lade

5 Mose

Autor
Mose. *Mose wurde unterwiesen in aller Weisheit der Ägypter; er war aber mächtig in seinen Worten und Werken* (Apostelgeschichte 7:22). Niemand in Israel war besser vorbereitet, dieses Buch zu schreiben.
Mose führte Israel aus der Sklaverei in Ägypten und wurde von Gott benutzt, um Israel als Nation zu festigen.
Die Bibel (Jesus und die Apostel), die Kirchengeschichte, Josephus, der jüdische Historiker des 1. Jh., und der Jerusalemer Talmud überliefern, dass Mose die ersten 5 Bücher der Bibel geschrieben hat. (S. 2 Mose 17:4, 3 Mose 1:1-2, 4 Mose 33:2, 5 Mose 1:1, Josua 1:7, 1 Könige 2:3, 2 Könige 14:6, Esra 6:18, Nehemia 13:1, Daniel 9:11-13, Maleachi 4:4, Matthäus 8:4, Markus 12:26, Lukas 16:29, Johannes 7:19, Apostelgeschichte 26:22, Römer 10:19, 1 Korinther 9:9, 2 Korinther 3:15.) Jesus selbst hat Mose in Matthäus 19:7-9, Markus 7:10, Lukas 20:28 und Johannes 5:45-47 als Autor bestätigt (als Autor von 5 Mose in Matthäus 19:7, Markus 7:10 und Lukas 20:28).
5 Mose beansprucht etwa 40-mal, von Mose geschrieben zu sein (z. B. 31:24-26).
Moses Tod in Kapitel 34 wurde wahrscheinlich von Josua berichtet.

Zeit
Geschrieben 1405 v. Chr., in etwa einem Monat am Ende des 40-jährigen Aufenthaltes in der Wüste, in Moab (s. 1:3, 34:8 und Josua 5:10).

Inhalt
Moses letzte Worte. Mose wiederholt am Ende seines Lebens noch einmal den Bund Gottes für die neue Generation, die das Verheißene Land besitzen wird. 5 Mose enthält auch viele Gesetze, aber es richtet sich im Gegensatz zu 3 Mose eher an das Volk als an die Priester. Es ist um drei Abschiedspredigten aufgebaut. In ihnen erklärt Mose das Gesetz. Er sieht dabei oft hinter den Buchstaben des Gesetzes auf den Geist des Gesetzes. Er betont das Herz Gottes und den Aufruf zur Liebe. 5 Mose zeigt uns auch die Treue Gottes (s. 6:23). Mose hatte in den 40 Jahren des Wüstenaufenthaltes ein größeres Verständnis des Gesetzes erlangt. 5 Mose ist mehr didaktisch als historisch. Die Ereignisse in 5 Mose umfassen nur eine kurze Zeitperiode. 5 Mose ist dem Johannesevangelium im Neuen Testament ähnlich. Es schaut zurück und interpretiert die Geschichte für uns. Jesus zitierte 5 Mose mehr als alle anderen alttestamentlichen Bücher. 5 Mose wird 80-mal in 17 der 27 Bücher des Neuen Testaments zitiert (z. B.: Matthäus 4:7+10, Apostelgeschichte 3:22, Römer 10:19, 1 Korinther 9:9).

Überblick
Kapitel 1:1-4:43	Erinnerung an die Vergangenheit: was Gott getan hat – Geschichte
Kapitel 4:44-26:19	Gesetze für die Gegenwart: was Gott von Israel erwartet – Gesetz
Kapitel 27:1-34:12	Vorraussagung der zukünftigen Geschichte: Was Gott tun wird – Prophetie

Schlüsselverse

6:4-5 *Du sollst den HERRN, deinen Gott, lieben mit deinem ganzen Herzen und mit deiner ganzen Seele und mit deiner ganzen Kraft.*

10:12-13 Der HERR fordert ehrfurchtsvollen und liebevollen Gehorsam und Dienst, dir zum Guten.

11:26-28 und 30:19-20 Segen und Fluch

Schlüsselworte
Herz, Liebe, Bund, Segen und Fluch, erinnert, gehorcht

Zweck
Mose bereitet die neue Generation des Volkes auf das Leben im Verheißenen Land vor. Neben diesem praktischen Zweck zeigt Gott dem Volk, dass es zu einer Liebesbeziehung mit ihm berufen ist. Siehe die Betonung des „Herzens" im Gesetz. Gott gab das Gesetz aus Liebe zu den Menschen. Der Mensch soll dem Gesetz gehorchen, weil er Gott liebt. 16-mal ist die Rede von „Liebe", 46-mal wird die Motivation angesprochen: das „Herz". In 4:17 sagt Gott dem Volk zum ersten Mal, dass er es liebt. Mose redet seinem Volk „ins Gewissen" bzw. „ins Herz". Er spricht nicht nur den Verstand an. Gott will nicht Gesetzlichkeit, sondern eine Liebesbeziehung.

Das Volk wurde 40 Jahre lang in der Wüste für die Eroberung Kanaans trainiert, aber es braucht eine neue Offenbarung Gottes. Bevor Mose das Volk verlässt, muss er es lehren. Mose ermutigt das Volk, Gott zu glauben und ihm zu gehorchen, damit es seinen Segen empfängt.

Kategorien des Gesetzes:
1.) medizinische Gründe: 14:4-20
2.) heidnische Praktiken: 14:21
3.) „Liebe deinen Nächsten": 22:8
4.) „Halte heilige Dinge heilig": 12:15-16

Christus in 5 Mose
Jesus Christus ist der Prophet in der Schlüsselprophetie in 18:19 (s. Apostelgeschichte 7:37). Mose gab den Alten Bund, Jesus gab den Neuen Bund. *Denn das Gesetz wurde durch Mose gegeben; die Gnade und die Wahrheit ist durch Jesus Christus geworden* (Johannes 1:17).

Blick vom Berg Nebo Richtung Westen. Hier zeigte Gott Mose das Verheißene Land, bevor er starb.

6

Josua

Autor
Zum größten Teil Josua (24:26; jüdische Tradition). Assistent von Mose für mindestens 40 Jahre. Einer der Kundschafter 40 Jahre zuvor. Der militärische Führer, der die Israeliten nach Kanaan führte (24:26). Er war zu diesem Zeitpunkt 85 Jahre alt.
Josua war als Israels Führer und Augenzeuge wohl der am besten Geeignetste, dieses Buch zu schreiben.

Zeit
~1405-1379 v.Chr., in Kanaan (Israel). Das Buch umfasst eine Zeitperiode von etwa 25 Jahren. Es wurde kurz nach den überlieferten Ereignissen geschrieben: Rahab war noch am Leben (6:25).

Inhalt
Eroberung des Verheißenen Landes. Sieg durch Glauben und Gehorsam, nicht durch militärische oder numerische Stärke.
Der Name „Josua" bedeutet „Der HERR ist Rettung". Durch Gehorsam und Vertrauen werden Siege gewonnen, weil Gott für Israel kämpft. Der HERR war ihr Anführer. Nachdem er die Truppen vorbereitet hatte, führte Josua sie nach der brillanten Strategie des „Teilens und Eroberns" in das Verheißene Land. Nachdem er das Land in zwei Teile getrennt hatte, eroberte er zuerst den Süden und dann den Norden. Josua folgt den Weisungen des Gesetzes bei der Verteilung des Landes. Wie Mose schließt er mit zwei eindrucksvollen Abschiedspredigten.
Das Buch Josua verbindet die 5 Bücher Mose (sie beschreiben die Geschichte Israels bis Kanaan) und die folgenden historischen Bücher (Israels Geschichte in Kanaan).

Überblick
Kapitel 1-5: Vorbereitung: Gott bereitet die Herzen des Volkes vor durch Wunder (Jordan);

Beschneidung → Gesetz;

Passah → gehorchen, Glauben stärken.

Kapitel 6-12: Eroberung
Kapitel 13-22: Verteilung des Landes
Kapitel 23-24: Letzte Worte

Schlüsselverse

1:8 *Dieses Buch des Gesetzes soll nicht von deinem Mund weichen, und du sollst Tag und Nacht darüber nachsinnen, damit du darauf achtest, nach alledem zu handeln, was darin geschrieben ist; denn dann wirst du auf deinen Wegen zum Ziel gelangen, und dann wirst du Erfolg haben.*

11:23 *Und so nahm Josua das ganze Land ein, ganz wie der HERR zu Mose geredet hatte. Und Josua gab es Israel zum Erbteil, nach ihren Abteilungen, entsprechend ihren Stämmen. Und das Land hatte Ruhe vom Krieg.*

23:14 *Siehe, ich gehe heute den Weg der ganzen Erde. Und ihr wisst mit eurem ganzen Herzen und mit eurer ganzen Seele, dass auch nicht ein Wort hingefallen ist von all den guten Worten, die der HERR, euer Gott, über euch geredet hat: Alle sind sie eingetroffen für euch...*

24:15 *Ist es übel in euren Augen, dem HERRN zu dienen, dann erwählt euch heute, wem ihr dienen wollt ... Ich aber und mein Haus, wir wollen dem HERRN dienen!*

Schlüsselworte
Gehorche, Mut, besitzen

Zweck
Gott bringt sein Volk in das Verheißene Land. Er löst sein Versprechen ein, das er seinem Volk gegeben hatte, und richtet dadurch auch die Sünden der Kanaaniter. Er hatte das Gericht über die Kanaaniter schon in 1 Mose 15:16 prophezeit. Die abscheulichen Sünden dieser Völker sind bekannt: Kinderopfer, Anbetung von Schlangen, rituelle hetero- und homosexuelle Prostitution, Verstümmelungen, Aderlassen, usw. (s. 3 Mose 18:3, 21-27). Es ist wichtig, Gottes Gnade (er schafft einen Ausweg), seine Barmherzigkeit (er gibt Zeit zur Umkehr und warnt; hier über 400 Jahre lang) und sein Gericht (Gott wird Sünde richten, er wird keinen Frieden mit Sünde schließen) in jedem derartigen Ereignis in der Bibel zu sehen. (Z. B. Noah und die Flut, Sodom und Gomorra, Rahab in Jericho, Jona und Ninive. Unsere Sünde wurden in Jesus Christus gerichtet.) Gott musste das „Krebsgeschwür" entfernen, um der geistlichen Gesundheit der nachfolgenden Generationen Israels und der umliegenden Nationen willen.

Das Verheißene Land ist ein Bild für unser siegreiches Leben in Christus. Es gibt noch geistlichen Kampf im Verheißenen Land. Der entscheidende Sieg ist aber schon gewonnen und sicher. Wer Gott vertraut, wird sein „unglaubliches" Wirken erleben (S. Epheser 3:20).

Christus in Josua
Josua dient als Bild für Jesus Christus: Nur Jesus kann uns in das Verheißene Land bringen, im Gegensatz zu Mose (als Bild für das Gesetz). Wahrscheinlich sehen wir Jesus in 5:13-15 als den Obersten des Heeres des HERRN.

Die drei Eroberungsfeldzüge unter Josua

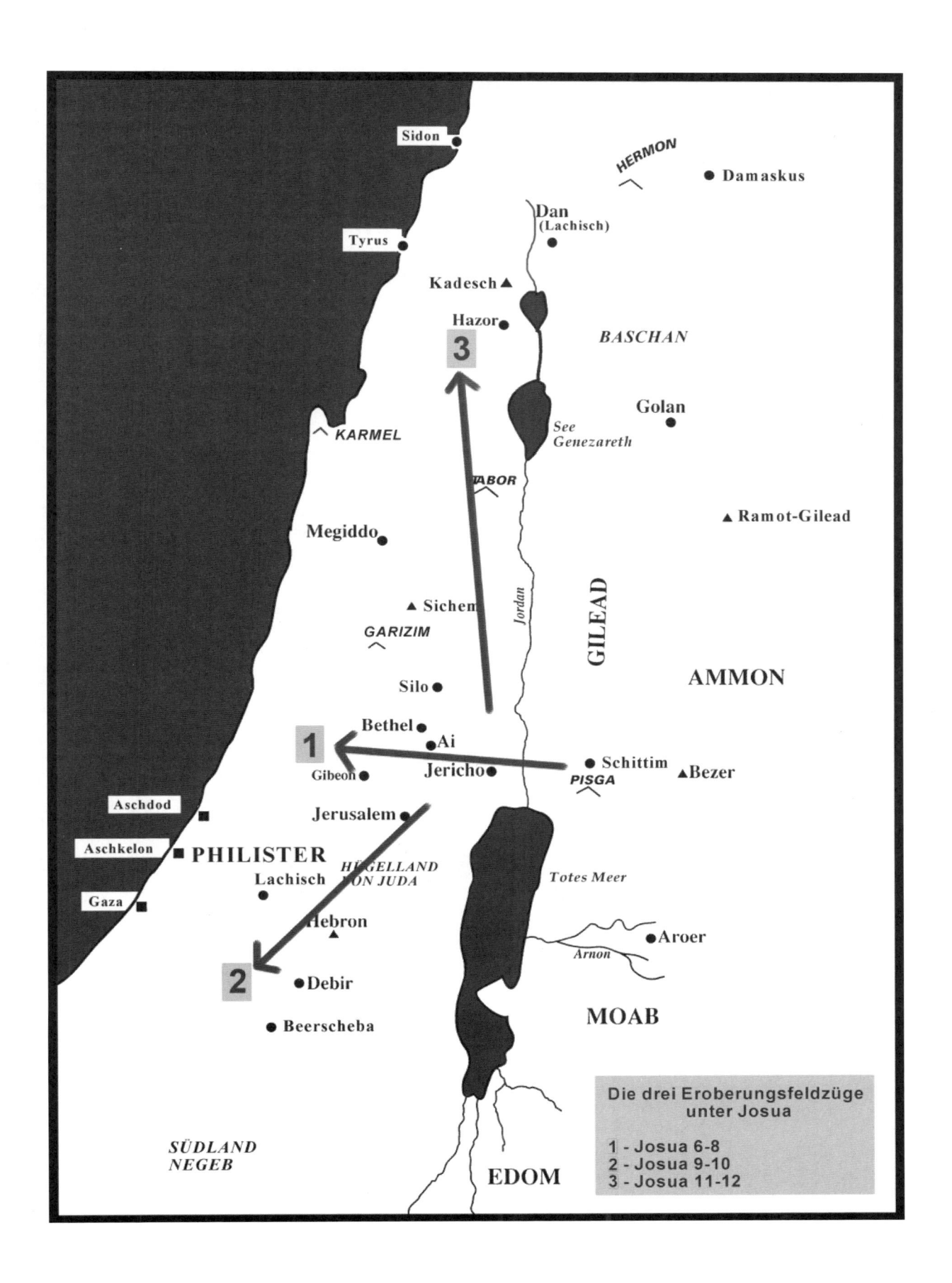

1 - Josua 6-8
2 - Josua 9-10
3 - Josua 11-12

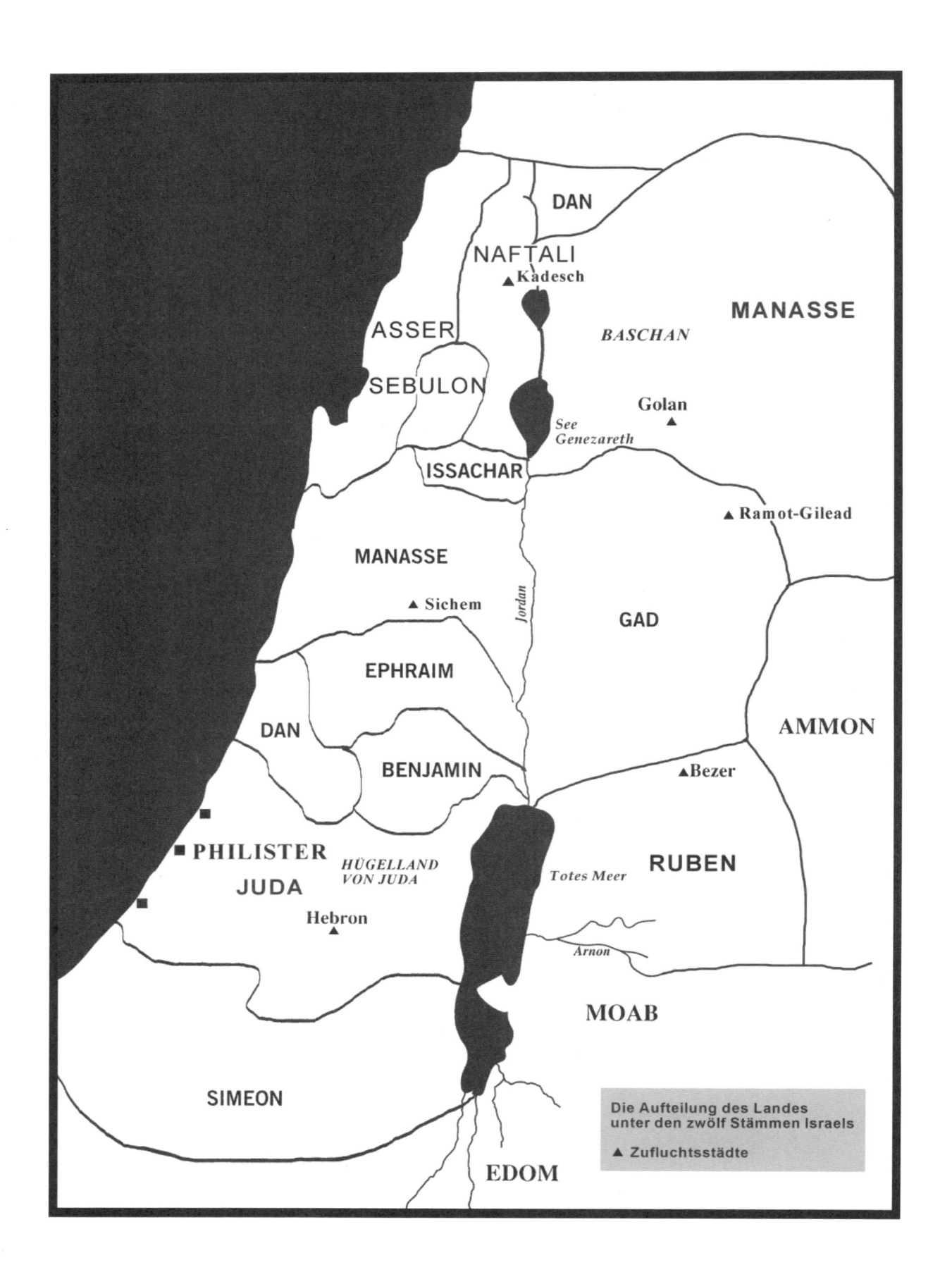

Die Aufteilung des Landes unter den zwölf Stämmen Israels

▲ Zufluchtsstädte

7 Richter

Autor
Unbekannt. Die jüdische und frühe christliche Tradition überliefert Samuel als den Autor (vergleiche 1:21 und 21:25).

Zeit
Geschrieben zwischen 1043 v. Chr. (Beginn der Königsherrschaft Sauls – s. 17:6, 18:1, 19:1, 21:25) und 1004 v. Chr. (Davids Eroberung von Jerusalem – s. 2 Samuel 5:5-9). Das Buch der Richter umfasst eine Zeitspanne von etwa 1380-1045 v. Chr.,
→ ~ die ersten 350 Jahre in Kanaan.

Inhalt
Versagen durch Kompromiss.
Das Buch Richter beschreibt eine der dunkelsten Perioden in der Geschichte Israels. Es erzählt die Geschichte vom Tod Josuas bis zu dem letzten Richter Samuel, der den ersten König einsetzte. Es steht in scharfem Kontrast zum Buch Josua. In Josua erobert ein gehorsames Volk das Verheißene Land im Vertrauen auf die Kraft Gottes. In Richter wird ein ungehorsames und den Götzen dienendes Volk (die nächste Generation) immer wieder besiegt wegen seiner Rebellion gegen Gott. Eine Ursache dafür war sein Versagen die Kanaaniter zu vernichten, welche immer wieder erstarkten. In einem weitergehenden Schritt schlossen die Israeliten Bünde mit den Kanaanitern und verheiraten ihre Söhne und Töchter mit ihnen. Das führte zum Götzendienst. – Versagen durch Kompromiss!
In der Richterzeit gab es keine nationale Führung. Jeder Stamm war selbständig. Die Richter waren (meist nur regionale) Herrscher, Befreier und Retter, und das Buch ist nach diesen Männern und einer Frau benannt, die Gott als Antwort auf die Hilferufe Israels berufen hatte. In diesem Buch werden 12 Richter aufgeführt. Weitere 4 werden in 1 Samuel erwähnt. Der Kreislauf von Sünde zur Errettung wiederholt sich immer wieder. *Und die Söhne Israel taten weiter, was böse war in den Augen des HERRN.*

Überblick

Kapitel 1-2: Einleitung: Israel lebt mit den Kanaanitern → Erklärung

Kapitel 3-16: Der Kreislauf der Sünde: Krieg mit den Kanaanitern → Konsequenz
7 Kreisläufe: Sünde – Züchtigung – Ausschreien – Errettung
(6x Bedrängnis von außen, 1x von innen: Abimelech, Kapitel 9)

Kapitel 17-21: Nachwort/Anhang: Israel wird wie die Kanaaniter, illustriert durch Beispiele. Chronologisch wahrscheinlich kurz nach dem Tod Josuas.

Schlüsselverse
2:11-19 Kreislauf der Sünde: Israel tat Böses → Zorn des Herrn → Bedrängnis → Israel schrie aus zu dem HERRN → der HERR ließ Richter aufstehen

21:25 *In jenen Tagen war kein König in Israel. Jeder tat, was recht war in seinen Augen.*

Schlüsselphrasen
„... taten, was böse war in den Augen des HERRN",
„Zorn des HERRN",
„Schrien zu dem HERRN",
„Da ließ der HERR Richter aufstehen",
Richter,
„Geist des HERRN",
„Engel des HERRN",
„Kein König"

Zweck
Die wiederholte Phrase „kein König" will zeigen, dass die Ablehnung von Gott als König (Theokratie) letztendlich zu einer Monarchie in Israel führte. Unter anarchistischen Zuständen kann keine Gesellschaft bestehen (*Jeder tat, was recht war in seinen Augen.* - 21:25). Samuel erinnert Israel an diese Zeiten der Anarchie. Israels Versagen war ein Mangel an echter Buße und Umkehr zu Gott. (Jede Nation, die sich von Gott und seinem Wort als Autorität abwendet [wenn der ethische Konsens verloren geht], wird am Ende mit einer Zentralgewalt [einer Diktatur] enden. Relative Freiheit ist nur möglich, wenn Menschen im Herzen von Gottes Prinzipien regiert werden bzw. wenn zumindest ein grundlegender Konsens über diese Prinzipien besteht.) Das Buch der Richter ist eine Warnung vor Ungehorsam gegen Gott und Kompromiss. Dies bringt Gebundenheit, Unterdrückung und Leid. Es lehrt aber auch die Geduld und Liebe Gottes für die Seinen. Er reagiert auf Umkehr und Gebet, und befreit sein unterdrücktes Volk.

Christus in Richter
Jesus ist unser Richter/Retter/Befreier, der uns von unseren Sünden rettet und uns von der Macht der Sünde befreit, wenn wir zu ihm rufen. Der Engel des HERRN ist wahrscheinlich eine Erscheinung Jesu Christi (der zweiten Person des dreieinigen Gottes).

DIE 12 RICHTER IM BUCH DER RICHTER					
Schriftstelle	Richter	Stamm	Feind	Jahre der Bedrängnis	Jahre des Friedens
3:9-11	Otniel	Juda	Mesopotamien (König Kuschan)	8	40
3:12-30	Ehud	Benjamin	Moabiter (König Eglon) mit Ammonitern und Amalekitern	18	80
3:31	Schamgar	Naftali?	Philister	?	?
4:4-5:31	Debora	Ephraim	Kanaaniter (König Jabin)	20	40
6:11-8:35	Gideon	Manasse	Midianiter	7	40
10:1-2	Tola	Issachar			23
10:3-5	Jair	Gilead			22
11:1-12:7	Jeftah	Gilead	Ammoniter	18	6
12:8-10	Ibzan	(Betlehem)			7
12:11-12	Elon	Sebulon			10
12:13-15	Abdon	Ephraim			8
13:2-16:31	Simson	Dan	Philister	40	20

Die Gideon-Quelle am Fuß des Gilboa Gebirges.

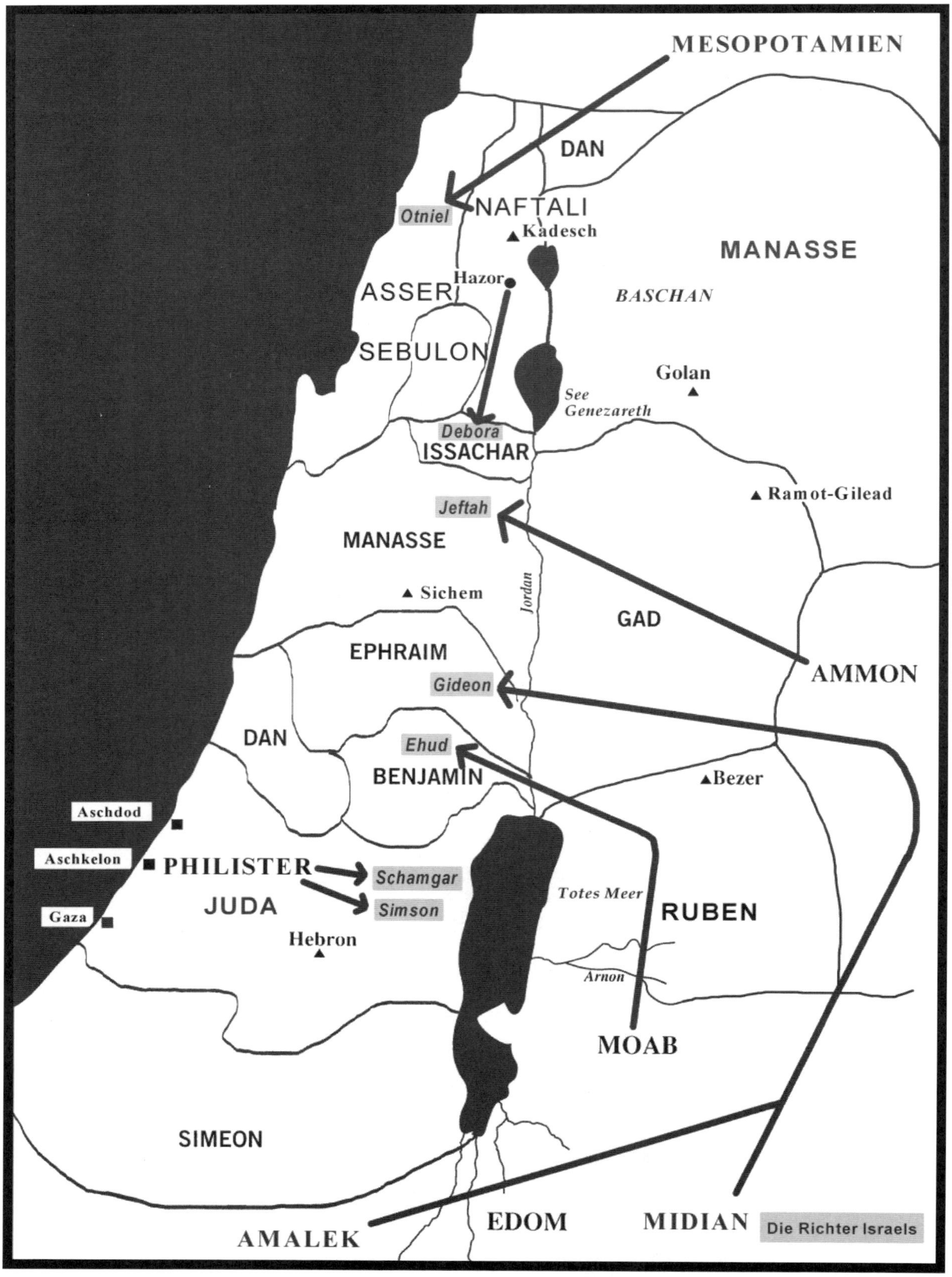
MESOPOTAMIEN
DAN
Otniel
NAFTALI
Kadesch
MANASSE
Hazor
ASSER
BASCHAN
SEBULON
Golan
See Genezareth
Debora
ISSACHAR
Ramot-Gilead
Jeftah
MANASSE
Sichem
Jordan
GAD
EPHRAIM
AMMON
Gideon
DAN
Ehud
BENJAMIN
Bezer
Aschdod
Aschkelon
PHILISTER
Schamgar
JUDA
Simson
Gaza
Totes Meer
RUBEN
Hebron
Arnon
MOAB
SIMEON
AMALEK
EDOM
MIDIAN
Die Richter Israels

8
Rut

Autor
Der jüdische Talmud nennt Samuel als den Autor. Das Buch wurde wahrscheinlich unter König Davids Herrschaft geschrieben, vor der Geburt seines Sohnes Salomo. (David wird in 4:17, 22 erwähnt. Sein Nachfolger Salomo wird nicht erwähnt.)

Zeit
In den Tagen, als die Richter richteten (1:1), in Moab (Kapitel 1) und Betlehem in Juda (Kapitel 2-4).

Inhalt
Egal, wie finster die Richterzeit war, hier ist der Beweis, dass Gott in einem Überrest des Volkes, dessen Herzen offen für ihn waren, am Wirken war. Rut ist ein Vorbild im Glauben. Wir sehen in ihrem Leben auch die wunderbare Gnade und Souveränität Gottes. Hier wird eine moabitische Witwe zu einer reichen, verheirateten Frau in der königlichen Linie des Messias – der Urgroßmutter Davids. (Die Moabiter waren ein verfluchtes Volk [5 Mose 23:3] und Feinde Israels [Richter 3:12-30].) Die „Erlösungsgeschichte" Ruts kreist um die Person des „Lösers".

Überblick
Das Buch Rut ist wie ein Theaterstück aufgebaut. Es werden einzelne Szenen ihres Lebens wiedergegeben.

Kapitel 1:	Szene 1: Entscheidung im Glauben	- in Moab
Kapitel 2:	Szene 2: Versorgung für die Glaubende	- auf dem Feld in Betlehem
Kapitel 3:	Szene 3: Ein Schritt im Glauben	- auf der Tenne
Kapitel 4:	Szene 4: Der Lohn des Glaubens	- im Stadttor

Schlüsselverse

1:1 *Und es geschah in den Tagen, als die Richter richteten, da entstand eine Hungersnot im Land. Und ein Mann von Betlehem-Juda ging hin, um sich im Gebiet von Moab als Fremder aufzuhalten, er und seine Frau und seine beiden Söhne.*

1:16 *Aber Rut sagte: Dringe nicht in mich, dich zu verlassen, von dir weg umzukehren! Denn wohin du gehst, dahin will auch ich gehen, und wo du bleibst, da bleibe auch ich. Dein Volk ist mein Volk, und dein Gott ist mein Gott.*

4:14 *Da sagten die Frauen zu Noomi: Gepriesen sei der HERR, der es dir heute nicht an einem Löser hat fehlen lassen! Sein Name werde gerühmt in Israel!*

Schlüsselworte
Löser, lösen (s. 2:20, 3:9, 3:12, 3:13, 4:1, 4:3, 4:4, 4:6, 4:7, 4:8, 4:14)

Zweck
Gottes Bewahrung des Stammbaumes des Messias durch Davids Linie während einer dunklen Periode in Israels Geschichte durch eine Heidin.
Der Stammbaum am Ende des Buches führt die Linie Jesu weiter bis David. Wir sehen die souveräne Hand Gottes. Selbst die schlimmen Umstände der Richterzeit können seinen Heilsplan nicht vereiteln. Er führt seine Pläne souverän aus.
Rut war eine Moabiterin, und damit aus einem verfluchten Volk (5 Mose 23:3). Boas war der Sohn von Rahab, der Kanaaniterin (Matthäus 1:5). Das Buch Rut zeigt uns, dass Heiden durch Glauben am Heilswirken Gottes teilhaben und Teil von Gottes Volk werden können.

Christus in Rut
Der „Löser" ist ein Bild für den Erlöser Jesus Christus.
Das Buch Rut gibt uns ein Bild für das Erlösungswerk Jesu Christi. Es wurde jedes Jahr während des Festes der Wochen (Pfingstfest) in der Erntezeit gelesen. So wurde das Bild vom Löser in das Gedächtnis des jüdischen Volkes eingeprägt. Dieses Bild ist auf zwei jüdischen Gesetzen aufgebaut:
1.) dem Recht, Eigentum oder Sklaven zu lösen (3 Mose 25:24-25; 47-49);
2.) der Pflicht eines Bruders zur Schwagerehe, um die Familie eines verstorbenen Bruders aufrechtzuerhalten (5 Mose 25:5-10).
Der Löser musste das Recht, die Macht und den Willen haben zu lösen. – Jesus ist unser Löser in jedem Sinn des Wortes.

<u>Die Bedeutung der Namen:</u>

Elimelech: „Mein Gott ist König"
Betlehem: „Haus des Brotes"
Machlon: „Schwachheit"
Kiljon: „Hinfälligkeit"
Orpa: „Widerspenstige"
Rut: „Freundschaft"
Noomi: „Wonne, Lieblichkeit"
Mara: „Bittere"
Boas: „In ihm ist Stärke"

DIE PFLICHTEN EINES VERWANDTEN LÖSERS	
Bluträcher	4 Mose 35:19-27; 5 Mose 19:6.12
Einen Besitz (ein Grundstück) für einen Verwandten lösen.	3 Mose 25:25-27
Einen Verwandten lösen, der Sklave geworden war.	3 Mose 25:47-49
Die Witwe eines verstorben Verwandten heiraten, um einen Sohn zu zeugen.	5 Mose 25:5-10

Der Sockel eines Throns bzw. Richterstuhls im Stadttor der Stadt Dan vor der Stadtmauer. Hier wurden Geschäfte abgeschlossen und rechtliche Angelegenheiten geregelt. S. Rut 4:1-12.

9

1 Samuel

Autor
Der jüdische Talmud nennt Samuel als den Autor, aber er hat sicher nicht alles geschrieben (25:1).

Zeit
1105–1011 v. Chr., 94 Jahre, von der Geburt Samuels bis zum Tod Sauls. In Israel und der umliegenden Wüste.

Inhalt
1 Samuel beschreibt die Geschichte des letzten Richters und ersten Propheten Samuel, dem Aufstieg und Fall des ersten Königs Saul und der Vorbereitung des größten Königs David.
1 Samuel ist ein Buch voller Kontraste und Übergänge. Wir sehen den Kontrast zwischen dem Fall des Priesters Eli und dem Aufstieg Samuels und dem Fall von König Saul und dem Aufstieg von König David. Wir sehen einen Übergang in der Regierungsform Israels von einer Theokratie zu einer Monarchie. Die Führung wechselt von Richtern zu Königen. Durch das ganze Buch wird das „Herz" und Gebet betont. Gott sieht auf das Herz!

Überblick
Kapitel 1–8:   Samuel: der letzte Richter und erste Prophet
Kapitel 9–15: Saul: der erste König
Kapitel 16–31: David: der größte König

Schlüsselverse
8:1   *Der HERR aber sprach zu Samuel: Höre auf die Stimme des Volkes in allem, was sie dir sagen! Denn nicht dich haben sie verworfen, sondern mich haben sie verworfen, dass ich nicht König über sie sein soll.*

15:22 *Samuel aber sprach: Hat der HERR so viel Lust an Brandopfern und Schlachtopfern wie daran, dass man der Stimme des HERRN gehorcht? Siehe, Gehorchen ist besser als Schlachtopfer, Aufmerken besser als das Fett der Widder.*

16:7 *Aber der HERR sprach zu Samuel: Sieh nicht auf sein Aussehen und auf seinen hohen Wuchs! Denn ich habe ihn verworfen. Denn der HERR sieht nicht auf das, worauf der Mensch sieht. Denn der Mensch sieht auf das, was vor Augen ist, aber der HERR sieht auf das Herz.*

Schlüsselworte
Herz, betete

Zweck

1 Samuel ist ein Schlüssel zum Verständnis der Struktur des Alten Testaments. Samuel ist eine Schlüsselfigur als letzter Richter und erster Prophet, der die ersten beiden Könige eingesetzt hat. 1 Samuel beschreibt den Übergang von Richtern zu Königen und die Einrichtung des Prophetendienstes (3:20, Apostelgeschichte 3:24). In weiterer Folge des Alten Testaments sehen wir einen Übergang von Propheten wie Samuel, Nathan, Elia und Elisa, deren Worte im Rahmen der Geschichtsbücher überliefert wurden, zu den schreibenden Propheten wie Jesaja, Jeremia, Hesekiel usw. 1 Samuel zeigt uns, dass Gott immer souverän ist und seine Pläne verwirklicht, egal ob Menschen ihm treu bleiben oder ihn ablehnen. Unsere Haltung zu ihm bestimmt unsere Zukunft, aber beeinflusst nicht seinen letztendlichen Sieg.

Christus in 1 Samuel

Samuel ist ein Beispiel für das Bündeln von mehreren Diensten in einer Person. Er war ein Prophet und ein Priester. König David war der größte König und ein Bild für den König der Könige. Jesus Christus vereinte alle Dienste in seiner Person – Prophet, Priester und König (Johannes 6:14, Hebräer 3:1, Offenbarung 19:16). In 2:10 kommt zum ersten Mal das Wort „Messias" („Gesalbter") vor.

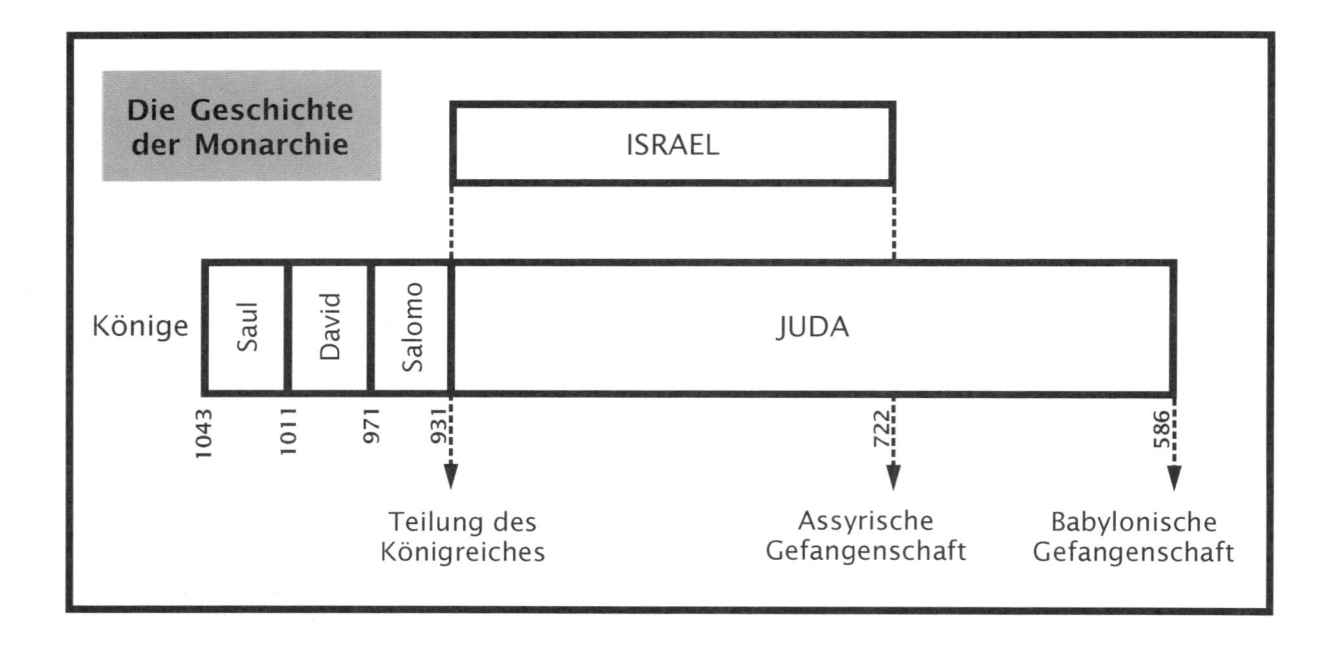

Die Geschichte der Monarchie

Könige	Saul	David	Salomo	JUDA		
				ISRAEL		
1043	1011	971	931		722	586
			Teilung des Königreiches		Assyrische Gefangenschaft	Babylonische Gefangenschaft

DIE PSALMEN AUS DER FLÜCHTLINGSZEIT DAVIDS		
Psalm	Geschichte	Anlass
59	1 Samuel 19:1-2, 11-18	Sauls Gesandte bewachten das Haus Davids, um ihn zu töten.
11	1 Samuel 18:19	David war am Hofe Sauls, vor seiner Flucht.
34 56	1 Samuel 21:10-5	David stellte sich wahnsinnig vor Achisch.
142 57 (140, 141, 143 sind in derselben Gruppe)	1 Samuel 22:1,2 1 Samuel 24:1-3	David versteckte sich in einer Höhle. Die Höhle könnte jene bei Adullam oder jene bei En-Gedi sein.
64	1 Samuel 22:6-8	Saul beabsichtigte, David zu töten. David vertraute darauf, dass ihm dies nicht gelingen wird.
52	1 Samuel 21:7; 22:9	Doegs Verrat.
54	1 Samuel 23:19-23; 26:1-3	David wurde zweimal von den Sifitern verraten.
16, 17, 31	1 Samuel 23:24-26	Saul jagte David in der Wüste Maon.
35	1 Samuel 23-26	Davids andauernde Verfolgung durch Saul.
7	1 Samuel 24:9; 26:19	Kusch war einer von den Gefolgsleuten Sauls, die behaupteten, dass David nach dem Leben des Königs trachtet.
13	1 Samuel 27:1	David war für lange Zeit von Saul gejagt worden.

Die Höhle in En-Gedi, in der sich David vor König Saul versteckte.

En-Gedi.

10

2 Samuel

Autor
Die Tradition nennt Nathan und Gad (s. 1 Chronik 29:29-30) als Verfasser. Geschrieben nach dem Tod Salomos (931), aber vor der assyrischen Gefangenschaft des Nordreiches (722).

Zeit
1011-971 v.Chr., 40 Jahre. Vom Tod Sauls bis zum Ende von Davids Herrschaft in Israel (7 Jahre und 6 Monate in Hebron, 33 Jahre in Jerusalem (s. 5:4-5).

Inhalt
2 Samuel ist die Geschichte der 40-jährigen Herrschaft Davids über Israel. Der Überblick erzählt die Geschichte des Buches: Triumph – Übertretung – Schwierigkeiten. Das Leben Davids ist ein perfektes Beispiel dafür, dass wir das ernten, was wir säen (Galater 6:7). Gehorsam bringt Segen, Ungehorsam bringt Züchtigung und hat negative Folgen. Trotz Davids großer Sünde und ihren Konsequenzen sagt Gott über David: „Er ist ein Mann nach meinem Herzen" (Apostelgeschichte 13:22; 1 Samuel 13:14). Gott beurteilt einen Menschen vor allem nach der Einstellung seines Herzens ihm gegenüber. Seine Gnade und Güte wird im Leben Davids sichtbar.

Unter David erreichte das Königreich Israel seine größte Ausdehnung. Israel wird zur dominierenden Macht in der Region. Jerusalem wird erobert und zur Hauptstadt der Nation. Israel besiegt und beherrscht seine Feinde. David hielt das Volk fern von Götzendienst.

David war ein Poet. Seine Psalmen sind ein Schatz in der göttlichen Offenbarung, voll messianischer Prophetien. In ihnen drückt sich Davids Herz für Gott aus. David war der größte König Israels. Er ist der Standard, an dem alle nachfolgenden Könige gemessen werden.

Überblick
Kapitel 1-10: Triumph (7 Jahre und 6 Monate Bürgerkrieg, 13 Jahre des Eroberns)

Kapitel 11: Übertretung (etwa in der Mitte seiner 40-jährigen Herrschaft)

Kapitel 12-20: Schwierigkeiten.
→ $1/2$ Buch Segnungen, $1/2$ Buch Konsequenzen der Sünde

Kapitel 21-24: Anhang; nicht chronologisch

Schlüsselverse
5:4-5 *Dreißig Jahre war David alt, als er König wurde; vierzig Jahre lang war er König. In Hebron war er sieben Jahre und sechs Monate König über Juda, und in Jerusalem war er 33 Jahre König über ganz Israel und Juda.*

7:12-16 Der HERR wird David ein Haus bauen.

Schlüsselphrasen
„fragte den HERRN", „vor dem HERRN"

Zweck
Der Kirchvater Augustinus sagte, dass das Leben Davids eine starke Warnung an alle ist, die „noch nicht gefallen sind", und eine starke Ermutigung für jene, die „schon gefallen sind".

Christus in 2 Samuel
Gottes Bund mit David im Kapitel 7 verheißt ein ewiges Haus, einen ewigen Thron und ein ewiges Königreich für den Nachkommen Davids. Aufgrund dieser Verheißung haben die Juden immer erwartet, dass der Messias ein Nachkomme Davids sein wird. Jesus Christus wurde während seines Lebens auf der Erde der „Sohn Davids" genannt (Matthäus 21:9) und die „Wurzel und das Geschlecht Davids" in seiner Herrlichkeit (Offenbarung 22:16).

Die Psalmen in Verbindung mit 1 und 2 Samuel:

In jedem Abschnitt seines Lebens schrieb David Psalmen. Einige können mit ganz guter Sicherheit zugeordnet werden, andere nur anhand der passenden Umstände. Wieder andere sind im Bezug auf ihren historischen Zusammenhang nicht einordbar. Da David durch zwei Perioden schwerer Umstände hindurchging, können einige seiner Psalmen entweder der Zeit seiner Flucht vor Saul oder der Zeit seiner Flucht vor Absalom zugeordnet werden.
Die Psalmen wurden entweder nach ihrem Titel oder nach ihrem internen Augenschein den verschiedenen Perioden zugeordnet.

1.) Hirte (1 Samuel 16-17): 23, 8, 19, 29, 131.

2.) Am Hofe Sauls (1 Samuel 18-29:10): 140, 141.

3.) Auf der Flucht (1 Sam 29:11-31:): 7, 34, 52, 56, 59, 64, 142, wahrscheinlich 11, 13, 17, 31, 35; s. auch 25, 58, 63.

4.) Der Triumph des Königs (2 Samuel 1-10): 2, 9, 10, 20, 21, 27, 44, 101; die Bundeslade: 24, 15, 96, 33, 78, 96, 105, 106, 107; der Messias: 18, 60, 68, 110.

5.) Die Übertretung des Königs (2 Samuel 11): 51, 32, (6 - vielleicht war David krank, 2 Samuel 12:13).

6.) Die Schwierigkeiten des Königs (2 Samuel 12-24): 3, 4, 5, 25, 28, 38, 39, 41, 42, 43, 55, 61, 62, 63, 109, 143.

7.) Das spätere Leben/abschließende Lieder: 3, 4, 5, 12, 17, 30, 31, 35, 38, 39, 41, 42, 43, 55, 61, 62, 63, 69, 109, 143 (s. auch 2 Samuel 22-23).

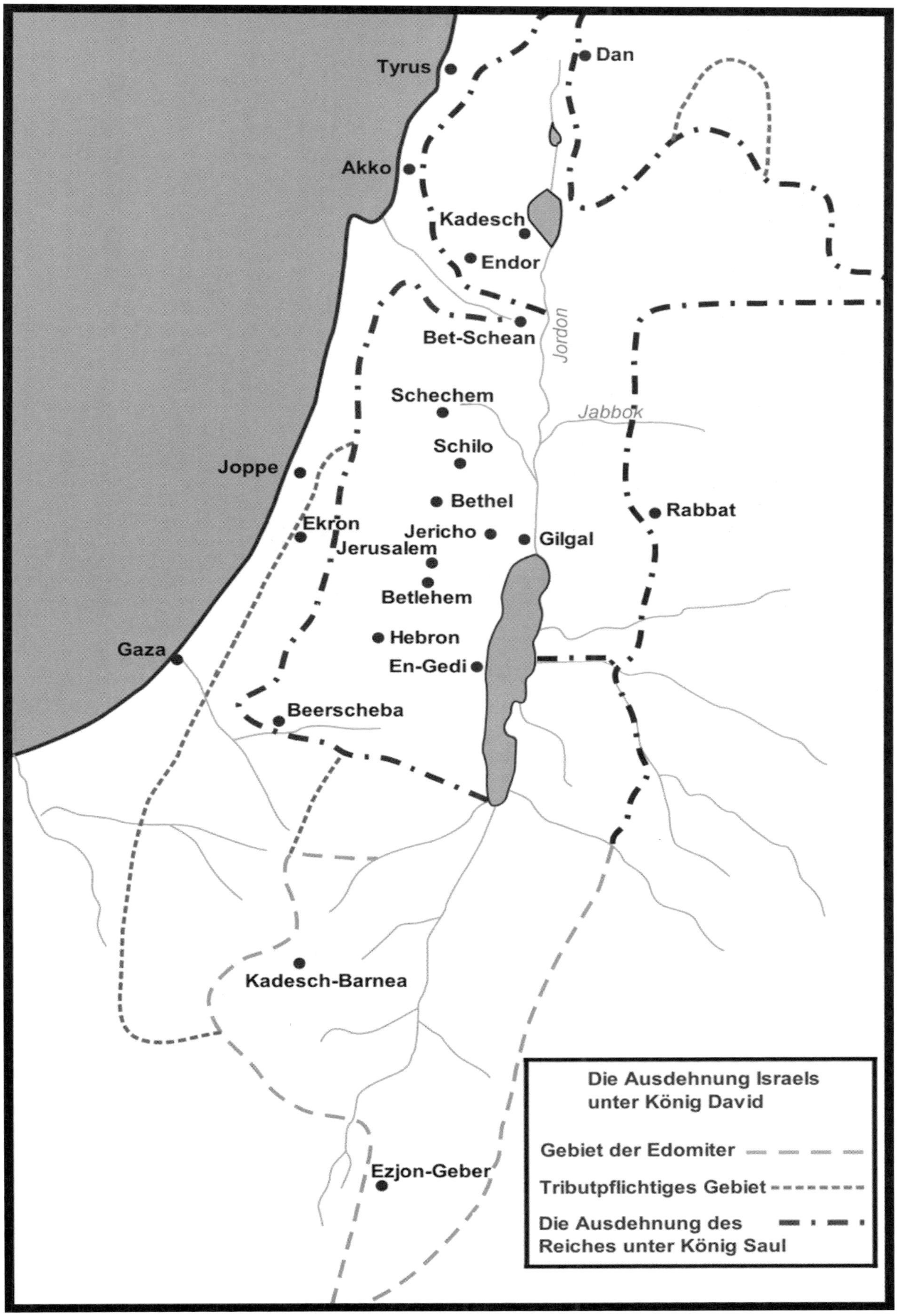
Dan
Tyrus
Akko
Kadesch
Endor
Bet-Schean
Jordon
Schechem
Jabbok
Schilo
Joppe
Bethel
Rabbat
Ekron
Jericho
Gilgal
Jerusalem
Betlehem
Hebron
Gaza
En-Gedi
Beerscheba
Kadesch-Barnea
Ezjon-Geber
Die Ausdehnung Israels
unter König David
Gebiet der Edomiter
Tributpflichtiges Gebiet
Die Ausdehnung des
Reiches unter König Saul

Absaloms Denkmal im Kidrontal vor der Stadtmauer Jerusalems. S. 2 Samuel 18:18.

11

1 Könige

Autor
Die jüdische Tradition überliefert Jeremia (646–570) als den Autor. Das Buch ist aus der Perspektive eines Propheten geschrieben. Es wurde wahrscheinlich vor der Wegführung Judas durch die Babylonier 586 geschrieben (s. 8:8 und 12:19).

Zeit
971–851 v. Chr., von König Salomo bis König Ahasja.

Inhalt
1 und 2 Könige erzählen die Geschichte vom Niedergang und Fall der Nation Israel. Sie sind eine prophetisch orientierte Bewertung der geistlichen und moralischen Gründe, die zu dem politischen und ökonomischen Niedergang der zwei Königreiche führten. Das Wohlergehen von Gottes Volk hängt von dessen Treue zu seinem Bund mit Gott ab. Treue und Gehorsam führen zum Segen, Götzendienst und Ungehorsam zum Fluch. Wir sehen den Abstieg von der Herrlichkeit Salomos bis in die Tiefen der Gefangenschaft und des Exils. Das geeinte Königreich machte drei Phasen durch: von Saul „ohne" Herz (40 Jahre), über David mit ungeteiltem Herzen (40 Jahre), bis Salomo mit geteiltem Herzen (40 Jahre).

1 Könige beschreibt die Spaltung Israels in zwei Königreiche. Trotz all seiner Weisheit war Salomo der Grund für die Spaltung. Sein geteiltes Herz führte zu einem geteilten Königreich. Seine Heirat mit ungläubigen Frauen und die Errichtung von heidnischen Kultstätten für deren Götzen legten den Grundstein für den Niedergang der Nation. Seine rücksichtslose Innenpolitik führte zu Unzufriedenheit. Jerobeam führte aus politischen Überlegungen einen falschen Gottesdienst im Nordreich als „Staatsreligion" ein. 19 böse Könige folgen in Israel. Von 20 Königen in Juda waren nur 8 gut. 1 Könige erzählt die Geschichte der 40-jährigen Herrschaft Salomos und der ersten 8 Jahre nach der Spaltung.

Menschliche Regierung versagt, wenn sie sich von Gott abwendet. Gottes Regierung versagt nie. Sein Thron ist beständig. Er vollbringt seine Pläne. Mit dem Versagen der Könige erhält das Prophetenamt größeres Gewicht. Gott lenkt und greift in die Geschichte ein. Durch die Stimme der Propheten warnt und leitet er sein Volk und die Könige.

4 Schlüsseldaten sollte man sich merken:

1043: das geeinte Königreich
 931: das gespaltene Königreich
 722: Verschleppung Israels nach Assur
 586: Verschleppung Judas nach Babel*

---

*Nach anderer Sichtweise: 587. In der Fachliteratur werden aufgrund von chronologischen Herausforderungen beide Jahre genannt. Ich habe die Jahreszahl übernommen, die in der von mir bearbeiteten Literatur bevorzugt vertreten wurde.

Überblick

Kapitel 1-11: Das geeinte Königreich unter Salomo

Kapitel 12-22: Das geteilte Königreich:

    Nordreich Israel (10 Stämme)
      Hauptstadt: Samaria
      Religiöse Zentren: Dan und Bethel

    Südreich Juda (Stämme Juda und Benjamin)
      Hauptstadt und religiöses Zentrum: Jerusalem

Kapitel 17-22: Wirken des Propheten Elia

Schlüsselverse

9:4-7 *Und du, wenn du vor mir lebst, ebenso wie dein Vater David gelebt hat in Lauterkeit des Herzens und in Aufrichtigkeit, indem du nach allem handelst, was ich dir geboten habe, und wenn du meine Ordnungen und meine Rechtsbestimmungen einhältst, dann werde ich den Thron deines Königtums über Israel festigen für ewig, so wie ich über deinen Vater David geredet habe, als ich sprach: Es soll dir nicht an einem Mann auf dem Thron Israels fehlen. Wenn ihr euch aber von mir abwendet, ihr und eure Kinder, und meine Gebote und meine Ordnungen, die ich euch vorgelegt habe, nicht einhaltet, sondern hingeht und anderen Göttern dient und euch vor ihnen niederwerft, dann werde ich Israel ausrotten aus dem Land, das ich ihnen gegeben habe; und das Haus, das ich meinem Namen geheiligt habe, werde ich von meinem Angesicht wegstoßen. So wird Israel zum Sprichwort und zur Spottrede unter allen Völkern werden.*

11:11 *Da sprach der HERR zu Salomo: Weil dir dies bewusst war und du meinen Bund nicht beachtet hast und meine Ordnungen, die ich dir geboten habe, werde ich das Königreich ganz bestimmt von dir wegreißen und es einem Knecht von dir geben.*

Schlüsselphrasen

„seines Vaters David", „auf dem Weg Jerobeams"

Zweck

Wenn Jeremia dieses Buch geschrieben hat, diente es zur Unterweisung für die Verschleppten in Babylonien. Es ist ein Bericht von Ungehorsam, Götzendienst und Gottlosigkeit und dient als Erklärung für die Gefangenschaft Israels und Judas. Es erklärt das „Wie" und das „Warum" ihrer Gefangenschaft. Das Buch ist nicht einfach eine Biographie der verschiedenen Könige. Es präsentiert eine prophetische Sicht der geistlichen Ursachen, die hinter den politischen und wirtschaftlichen Entwicklungen in Israel und Juda standen. Es soll das Volk zur Buße und Umkehr zu Gott bewegen. Es ist ein historisches Faktum, dass das jüdische Volk nach dem Exil nie wieder Götzendienst getrieben hat. Vielleicht hat dieses Buch entscheidend zu dieser Veränderung beigetragen.

Christus in 1 Könige

Jesus sagte, dass er größer ist als Salomo (Matthäus 12:42). Er war ein König mit größerer Weisheit und mit einem besseren Königreich. Die Wunder von Elia ähneln den Wundern, die Jesus vollbringen wird. Aber das Versagen all dieser menschlichen Könige, Propheten und Priester unterstreicht die Notwendigkeit für Gottes Messias.

Der Götzenaltar in Dan, den König Jerobeam errichten ließ. S. 1 Könige 12:26–29.

Elia-Denkmal auf dem Berg Karmel. S. 1 Könige 18:19–40.

12

2 Könige

Autor
Die jüdische Tradition überliefert Jeremia (646-570 v. Chr.) als den Autor. Das Buch ist aus der Perspektive eines Propheten geschrieben. Es wurde wahrscheinlich vor der Wegführung Judas durch die Babylonier 586 v. Chr. geschrieben (s. 17:34,41). Die letzten beiden Kapitel wurden offensichtlich nach dem Exil in Babylonien geschrieben, von jemand anderem als Jeremia.

Zeit
853-560 v. Chr., von König Ahasja bis zur Freilassung König Jojachins von Juda.

Inhalt
1 und 2 Könige erzählen die Geschichte vom Niedergang und Fall der Nation Israel. Sie sind eine prophetisch orientierte Bewertung der geistlichen und moralischen Gründe, die zu dem politischen und ökonomischen Niedergang der beiden Königreiche führten. 1 Könige beschreibt die Teilung Israels in zwei Königreiche - Israel im Norden und Juda im Süden. 19 böse Könige folgen in Israel; von 20 Königen in Juda waren nur 8 gut. 2 Könige ist die Fortsetzung von 1 Könige (ursprünglich waren die Königsbücher nur ein Buch) und beschreibt die Zerstörung der beiden Königreiche wegen ihrem Götzendienst und ihrer Rebellion gegen JHWH. Israel wurde 722 von dem assyrischen König Sargon II deportiert (Salmanassar IV begann die 3-jährige Belagerung Samarias, starb aber 722. S. 2 Könige 17.). Jerusalem wurde 586 von dem babylonischen König Nebukadnezar zerstört und die Bewohner wurden gefangen weggeführt. (Insgesamt gab es drei Verschleppungen nach Babylonien: 606 [Daniel 1:1], 597 [2 Könige 24:11-12] und 586 [2 Könige 25:8-11]).
2 Könige gibt uns den historischen Hintergrund für die Prophetenbücher. Die Propheten spielen eine bedeutende Rolle während dieser Zeit. Die Königsbücher erzählen die Geschichte von menschlichem Versagen. Gottes Volk hatte zum großen Teil das Bewusstsein seiner Gegenwart verloren. Vor dem Hintergrund von menschlichem Versagen und Götzendienst sehen wir aber auch das siegreiche Wirken und Vorangehen Gottes trotz allem und in allem.

Überblick
Kapitel 1-17:   Das geteilte Königreich
Kapitel 18-25: Das überlebende Königreich

Schlüsselverse
17:22-23 *Und die Söhne Israel lebten in allen Sünden Jerobeams, die er getan hatte. Sie wichen nicht davon ab, bis dass der HERR Israel von seinem Angesicht fortgeschafft hatte, so wie er durch alle seine Knechte, die Propheten, geredet hatte. So wurde Israel aus seinem Land gefangen nach Assur weggeführt bis auf den heutigen Tag.*

23:27 *So hatte der HERR gesagt: Auch Juda will ich von meinem Angesicht entfernen, wie ich Israel entfernt habe; und ich will diese Stadt verwerfen, die ich erwählt habe, Jerusalem, und das Haus, von dem ich gesagt habe: Mein Name soll dort sein!*

Schlüsselphrasen
„in den Augen des HERRN", „was böse war", „was recht war", David, Jerobeam

Zweck
Falls Jeremia dieses Buch geschrieben hat, war es eine Unterweisung für die Verschleppten in Babylonien. Es ist ein Bericht von Ungehorsam, Götzendienst und Gottlosigkeit und dient als Erklärung für die Gefangenschaft Israels und Judas. Es erklärt das „Wie" und „Warum" ihrer Gefangenschaft. Es soll das Volk zu Buße und Umkehr zu Gott bewegen. Es ist eine historische Tatsache, dass das jüdische Volk nach dem Exil nie wieder Götzendienst getrieben hat. Vielleicht war dieser Bericht einer der Hauptgründe für diese Veränderung.

Christus in 2 Könige
Wir finden in den Königsbüchern keine direkte Messiasverheißung. Viele sehen in Elia ein Bild für Johannes den Täufer (s. Matthäus 17:12-13) und in Elisa ein Bild für Jesus Christus. Das Versagen von Davids Nachkommen zeigt die große Notwendigkeit für einen übernatürlichen „Sohn Davids".

Der schwarze Obelisk des Assyrerkönigs Salmanassar III (858–824). Darauf sind Abgesandte des Königs Jehu von Israel abgebildet, die dem Assyrerkönig Tribut entrichten. Das Portrait ist das des Assyrerkönigs Tiglat-Pileser III (728 v. Chr.). Britisches Museum, London.

Auf diesen Tafeln ist die Eroberung der jüdischen Stadt Lachisch durch die Assyrer 701 v. Chr., zur Zeit des Königs Hiskia, dargestellt. Menschen ergeben sich, um ins Exil geführt zu werden. Britisches Museum, London. S. 2 Könige 18:13–16.

DIE KÖNIGE ISRAELS					
König	Jahre der Herrschaft	Charakter	Beziehung mit Juda	Entthront von	Geschichte
1. Jerobeam	22	böse	Krieg		1 Könige 11:26-14:20 2 Chronik 9:29-13:22
2. Nadab	2	böse	Krieg	Bascha	1 Könige 15:25-28
3. Bascha	24	böse	Krieg		1 Könige 15:27-16:7 2 Chronik 6:1-6
4. Ela	2	Trinker	Krieg	Simri	1 Könige 16:8-10
5. Simri	7 Tage	Mörder	Krieg	Omri	1 Könige 16:10-20
6. Omri	12	sehr böse	Krieg		1 Könige 16:16-27
7. Ahab	22	am schlimmsten	Allianz		1 Könige 16:28-22:40 2 Chronik 18:1-34
8. Ahasja	2	böse	Friede		1 Könige 22:40, 51-53 2 Könige 1:1-17 2 Chronik 20:35-37
9. Joram	12	größtenteils böse	Allianz	Jehu	2 Könige 3:1-3, 9:14-25 2 Chronik 22:5-7
10. Jehu	28	größtenteils böse	Krieg		2 Könige 9:1-10:36 2 Chronik 22:7-12
11. Joahas	17	böse	Friede		2 Könige 13:1-9
12. Joasch	16	böse	Krieg		2 Chronik 25:17-24 14:8-16 2 Könige 13:10-25,
13. Jerobeam II	41	böse	Friede		2 Könige 14:23-29
14. Secharja	6 Monate	böse	Friede	Schallum	2 Könige 15:8-12
15. Schallum	1 Monat	böse	Friede	Menahem	2 Könige 15:13-15
16. Menahem	10	böse	Friede		2 Könige 15:16-22
17. Pekachja	2	böse	Friede	Pekach	2 Könige 15:23-26
18. Pekach	20	böse	Krieg	Hoschea	2 Könige 15:27-31 2 Chronik 28:5-8
19. Hoschea	9	böse	Friede		2 Könige 17:1-41

DIE KÖNIGE JUDAS

König	Alter bei Herrschaftsantritt	Jahre der Herrschaft	Charakter	Beziehung mit Israel	Geschichte
1. Rehabeam	41	17	größtenteils böse	Krieg	1 Könige 12:1-14:31 2 Chronik 10:1-12:6
2. Abija		3	größtenteils böse	Krieg	1 Könige 15:1-8 2 Chronik 13:1-22
3. Asa		41	gut		1 Könige 15:9-24 2 Chronik 14:1-16:14
4. Joschafat	35	25	gut	Krieg	1 Könige 22:41-50 2 Chronik 17:1-20:37
5. Joram	23	8	böse	Friede	2 Könige 8:16-24 2 Chronik 21:1-20
6. Ahasja	22	1	böse	Friede	2 Könige 8:25-29, 9:27-29 2 Chronik 22:1-9
7. Atalja (Königin)		6	sehr böse	Allianz	2 Könige 8:18, 25-28, 11:1-20 2 Chronik 22:1-23:21, 24:7
8. Joasch	7	40	größtenteils gut	Friede	2 Könige 11:1-12:21 2 Chronik 22:10-24:27
9. Amazja	25	29	größtenteils gut	Friede	2 Könige 14:1-14 2 Chronik 25:1-28
10. Usija (Asarja)	16	52	gut	Krieg	2 Könige 15:1-7 2 Chronik 26:1-23
11. Jotam	25	16	gut	Friede	2 Könige 15:32-38 2 Chronik 27:1-9
12. Ahas	20	15	sehr böse	Krieg	2 Könige 16:1-20 2 Chronik 28:1-27
13. Hiskia	25	29	sehr gut	Krieg	2 Könige 18:1-20:21 2 Chronik 19:1-23:33
14. Manasse	12	55	sehr böse		2 Könige 21:1-18 2 Chronik 33:1-20
15. Amon	22	2	sehr böse		2 Könige 21:19-23 2 Chronik 33:21-25
16. Josia	8	31	sehr gut		2 Könige 22:1-23:30 2 Chronik 34:1-35:27
17. Joahas	23	3 Monate	böse		2 Könige 23:31-33 2 Chronik 36:1-4
18. Jojakim	25	11	sehr böse		2 Könige 23:34-24:5 2 Chronik 36:5-7
19. Jojachin	18	3 Monate	böse		2 Könige 24:6-16 2 Chronik 36:8-10
20. Zedekia	21	11	böse		2 Könige 24:17-25:7 2 Chronik 36:11-21

KÖNIGE UND PROPHETEN IM ÜBERBLICK

JUDA

	Könige	Zeit	Regierungs-zeit	Charakter
	Rehabeam	931-913	17 Jahre	böse
	Abija	913-911	3 Jahre	böse
	Asa	911-870	41 Jahre	gut
	Joschafat	873-848	25 Jahre	gut
	Joram	848-841	8 Jahre	böse
OBADJA	Ahasja	841	1 Jahr	böse
	Atalja	841-835	6 Jahre	sehr böse
JOEL	Joasch	835-796	40 Jahre	gut
	Amazja	796-767	29 Jahre	
	Usija (Asarja)	790-739	52 Jahre	gut
	Jotam	750-735	16 Jahre	gut
	Ahas	732-715	16 Jahre	böse
	Hiskia	715-686	29 Jahre	sehr gut
NAHUM	Manasse	697-642	55 Jahre	sehr böse
ZEFANJA	Amon	642-640	2 Jahre	sehr böse
	Josia	640-609	31 Jahre	sehr gut
	Joahas	609	3 Monate	böse
HABAKUK	Jojakim	909-598	11 Jahre	böse
	Jojachin	598-597	3 Monate	böse
DANIEL	Zedekia	597-586	11 Jahre	böse

JEREMIA · JESAJA · MICHA

ISRAEL

Dynastie	Könige	Zeit	Regierungs-zeit	Charakter
1.	Jerobeam	931-910	22 Jahre	Böse
	Nadab	910-909	2 Jahre	böse
2.	Bascha	909-886	24 Jahre	böse
	Ela	886-885	2 Jahre	böse
3.	Simri	885	7 Tage	böse, Mörder
4.	Omri	885-874	12 Jahre	sehr böse
	Ahab	874-853	22 Jahre	sehr böse
ELIA	Ahasja	853-852	2 Jahre	böse
	Joram	852-841	12 Jahre	böse
5. ELISA	Jehu	841-814	28 Jahre	
	Joahas	814-798	17 Jahre	böse
	Joasch	798-782	16 Jahre	böse
	Jerobeam II	793-753	41 Jahre	böse
HOSEA	JONA AMOS			
	Secharja	753-752	6 Monate	böse
6.	Schallum	752	1 Monat	böse
7.	Menahem	752-742	10 Jahre	böse
	Pekachja	742-740	2 Jahre	böse
8.	Pekach	752-732	20 Jahre	böse
9.	Hoschea	732-722	9 Jahre	böse

DIE WELTMÄCHTE DER BIBEL

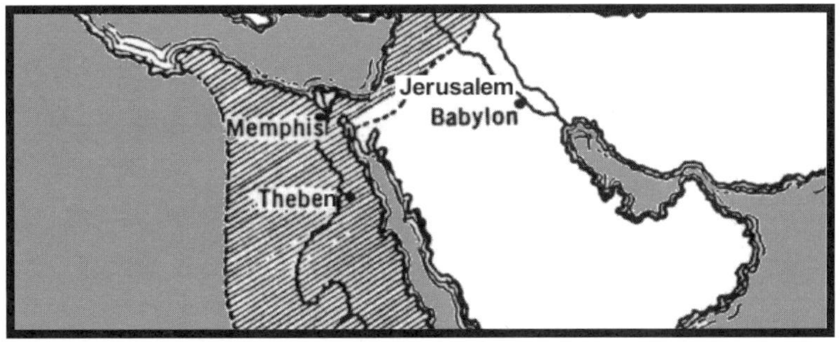

Das Ägyptische Reich (1600–1200 v. Chr.). Hier wurde Israel unterdrückt, und hier wuchs Israel zu einer Nation heran.

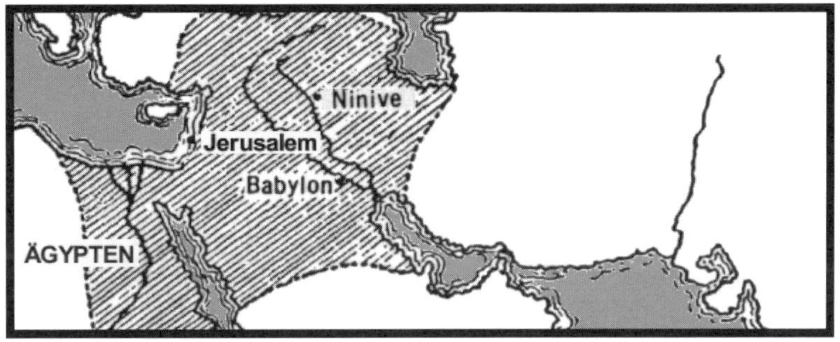

Das Assyrische Reich (900–607 v. Chr.) zerstörte 722 das nördliche Königreich Israel und bedrohte das Südreich Juda.

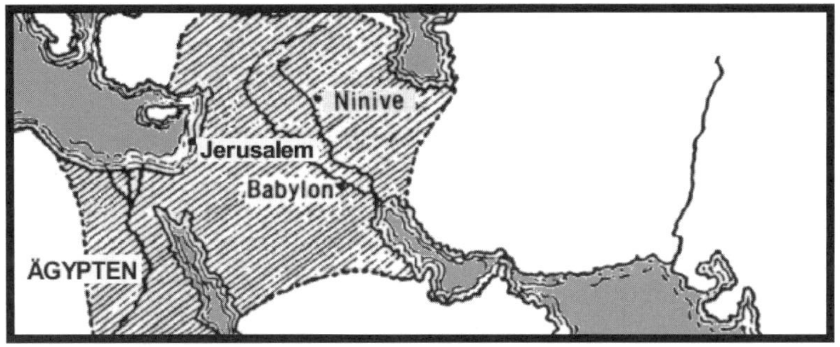

Das Babylonische Reich (607–536 v. Chr.) zerstörte Jerusalem und verschleppte die Nation Juda in die Gefangenschaft.

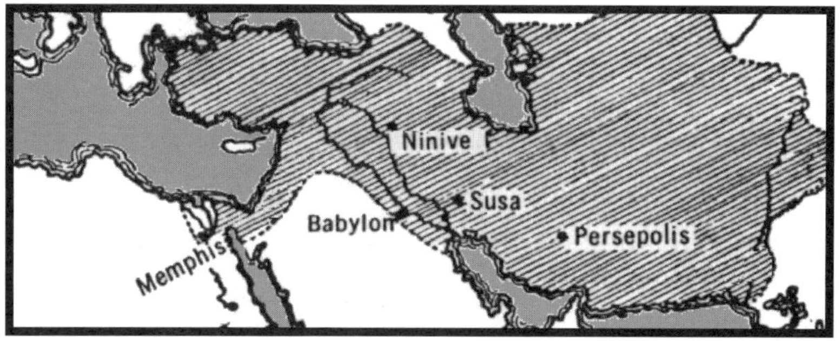

Das Medo-Persische Reich (536–330 v. Chr.) erlaubte den Juden die Rückkehr aus der Gefangenschaft.

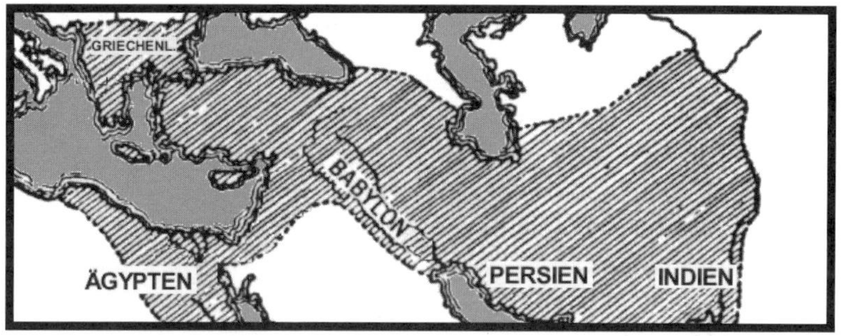

Das Griechische Reich (330–146 v. Chr.) regierte Palästina in der Zeit zwischen dem Alten und dem Neuen Testament.

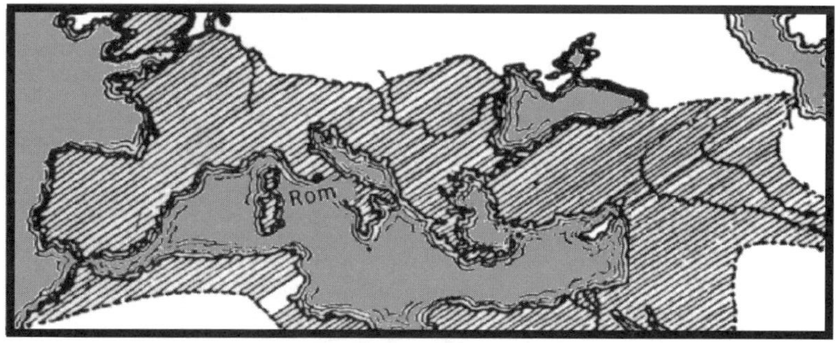

Das Römische Reich (146 v. Chr – 476 n. Chr.) regierte Palästina zur Zeit das Neuen Testaments.

DER FRUCHTBARE HALBMOND

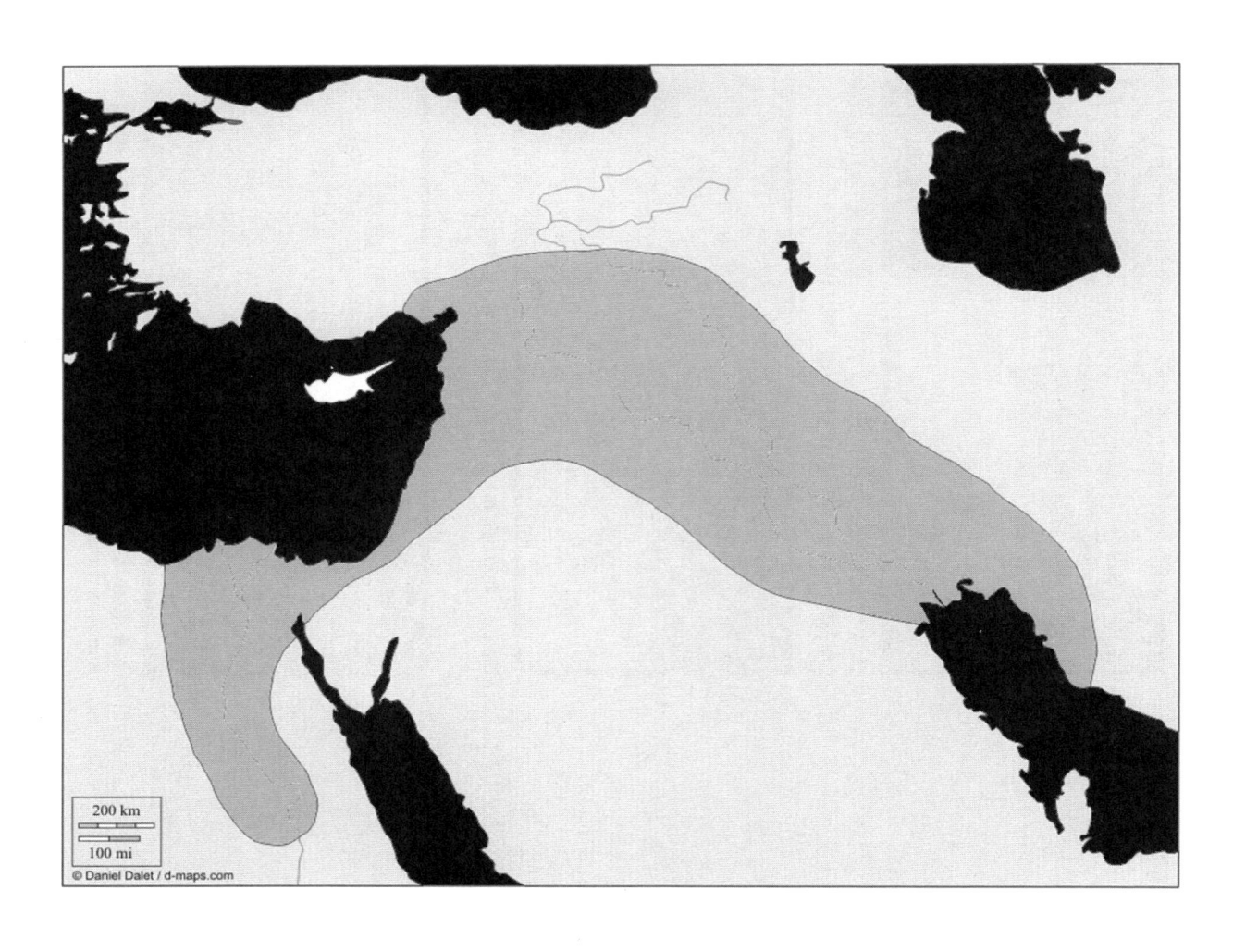

13

1 Chronik

Autor
Die jüdische Tradition (der Talmud) überliefert Esra als den Autor. Das Buch ist aus der Perspektive eines Priesters geschrieben. (Vergleiche 2 Chronik 36:22-23 und Esra 1:1-3.) Esra war ein ausgebildeter Schriftgelehrter (Esra 7:6).

Zeit
1011-971 v. Chr. (vor allem die Regierungszeit Davids); jedoch nach der Gefangenschaft geschrieben, zwischen 450 und 425. Der Priester Esra führte 457 einige weitere Rückkehrer aus dem Babylonischen Exil nach Jerusalem, um dort Gottes Volk das Wort Gottes zu lehren und seinen geistlichen Bedürfnissen zu dienen. Nehemia war der politische Leiter und der Prophet Maleachi war der moralische Leiter dieser Zeit.

Inhalt
Die ersten 9 Kapitel wiederholen das Alte Testament in der Form von Stammbäumen. Die Geschlechtsregister verbinden die Zeit vor dem Exil mit der Zeit nach dem Exil. Sie decken 3500 Jahre ab, von Adam bis Nehemia. Die Geschlechtsregister betonen die Kontinuität der Geschichte von Gottes Volk und zeigen Gottes souveränes Wirken in der Geschichte. Sie offenbaren das Handeln Gottes. Die Linie der Verheißung, durch die Gott wirkte, wird hervorgehoben. Betont werden die Stämme Juda und Benjamin (Südreich, Davids Dynastie, Linie des Messias). Auch den Leviten wird besondere Aufmerksamkeit gewidmet. Es ist die Geschichte aus der Sicht eines Priesters.

Die Kapitel 10-19 erzählen wie 2 Samuel die Geschichte der Herrschaft Davids. Der Unterschied ist die Perspektive eines Priesters. Die Betonung liegt nicht auf Krieg und Politik, sondern auf Religion und Erweckung. Das Augenmerk ist nicht auf Propheten und Herrscher gerichtet, sondern auf die Priester und den Tempel (Bewahrung und Wiederherstellung, Reinheit der Anbetung, die Gottesdienstordnung, usw.). Die Ereignisse, die zum Bau des Tempels hinführen, werden herausgegriffen: die Eroberung Jerusalems, die Überführung der Bundeslade nach Jerusalem, Gottes Verheißung an David, der Kauf der Tenne Ornans als Platz für den späteren Tempel. Die Vorbereitungen für den Tempelbau und den Gottesdienst werden detailliert beschrieben. David wird von seiner besten Seite gezeigt. Besonders betont werden Davids Herz für Gott und sein Eifer für den Tempel.

Die Chronik gibt die Geschichte sehr selektiv wieder. Sie erzählt die Geschichte des Tempels. Das kommt deutlich in dem zum Ausdruck, was die Chronik auslässt: die Geschichte Sauls, Davids siebenjährige Herrschaft in Hebron, Absaloms Rebellion, Davids Sünde mit Batseba und die gesamte Geschichte des Nordreiches Israel. Hinzugefügt werden Details von der Einsetzung des Lobpreises durch David und Davids Vorbereitungen für den Tempelbau. Den Königen Asa, Joschafat, Joasch, Hiskia und Josia wird in der Chronik wegen ihrer religiösen Reformen und den Renovierungen des Tempels größerer Raum gegeben. 1 und 2 Chronik waren im hebräischen Original ein Buch.

Überblick
Kapitel 1-9:   Stammbäume
Kapitel 10-29: Davids Herrschaft

Schlüsselverse

9:1-2 *Und ganz Israel wurde registriert; und siehe, sie sind aufgeschrieben in dem Buch der Könige von Israel. Und Juda wurde wegen seiner Untreue nach Babel weggeführt. Und die ersten Bewohner, die auf ihrem Grundbesitz in ihren Städten wohnten, waren Israeliten, die Priester, die Leviten und die Tempeldiener.*

17:11-14 *Und es wird geschehen, wenn deine Tage erfüllt sind, sodass du zu deinen Vätern hingehst, dann werde ich deinen Nachkommen nach dir aufstehen lassen, der von deinen Söhnen sein wird, und werde seine Königsherrschaft festigen. Der wird mir ein Haus bauen; und ich werde seinen Thron festigen für ewig. Ich will ihm Vater sein, und er soll mir Sohn sein. Und ich will meine Gnade nicht von ihm weichen lassen, wie ich sie von dem habe weichen lassen, der vor dir war. Und ich will ihm Bestand geben in meinem Haus und in meiner Königsherrschaft auf ewig; und sein Thron soll fest stehen für ewig.*

Schlüsselworte
Tempel, Priester

Zweck
Die Bücher der Könige wurden geschrieben, um den Rückkehrern aus dem Exil die Geschichte des Volkes aus der Perspektive eines Propheten (Jeremia) zu lehren. Die Chronik wurde geschrieben, um sie aus der Perspektive eines Priesters (Esra) zu ermutigen, den Tempel Gottes wieder aufzubauen. Sie sollten die Bedeutung von Gott und die Priorität des Gottesdienstes in ihrem nationalen Leben verstehen. Die Reaktion des Volkes auf Gott und die Einstellung des Volkes zu Gott ist der bestimmende Faktor in seiner Geschichte und bestimmt sein Schicksal. (Das gilt auch für jede andere Nation oder Person.) *Die mich ehren, werde auch ich ehren* (1 Samuel 2:30). Die Bücher der Chronik erinnern die Juden in einer schwierigen Zeit, in der sie desillusioniert waren und sich unbedeutsam vorkamen, an ihr geistliches Erbe und ihre Identität als Gottes auserwähltes Volk. Die Kontinuität mit der Vergangenheit wird betont.

Christus in 1 Chronik
Es ist interessant, dass das Buch der Chronik im hebräischen Alten Testament das letzte Buch war. Das Neue Testament beginnt mit dem Matthäusevangelium. Beide Bücher beginnen mit Stammbäumen, die uns von Adam zu Christus führen. Eine andere Beobachtung ist, dass es nach der Rückkehr aus dem Exil, als der Tempel gebaut wurde, keinen König mehr gab. Der „Thron" Davids existierte nicht mehr. Jedoch die Linie Davids war bewahrt worden und die Verheißung Gottes bestand noch immer, dass aus dieser Linie der Messias kommen würde, welcher den Thron Davids wieder aufrichten würde. Jesus erfüllt die Verheißung eines Messias-Königs. Er ist der Sohn Davids. Wie beim Heiligtum ist auch jedes Detail am Tempel ein Bild für Jesus und sein Werk für uns. In Matthäus 12:6 sagt Jesus, dass er größer ist als der Tempel. In Offenbarung 21:22 ersetzt Jesus den Tempel.

Anmerkung:
Die Chronik ist eine Sammlung von früheren Dokumenten, von denen einige scheinbar wörtlich zitiert werden (s. „bis zu diesem Tag" in 2 Chronik 5:9; 8:8). 14 von ihnen werden genannt:

1.) das Buch der Könige von Israel und Juda (2 Chronik 27:7)
2.) eine Auslegung (hebr. Midrasch) desselben (2 Chronik 24:27)
3.) die Worte oder die Geschichte Samuels, des Sehers (1 Chronik 29:29)
4.) die Worte oder die Geschichte Gads, des Sehers (1 Chronik 29:29)
5.) die Worte oder die Geschichte Nathans, des Propheten (2 Chronik 9:29)
6.) die Weissagung Ahijas, des Siloniters (2 Chronik 9:29)
7.) die Gesichte Jedos, des Sehers (2 Chronik 9:29)
8.) die Worte oder die Geschichte Schemajas, des Propheten (2 Chronik 12:15)
9.) Worte Iddos, des Sehers nach Art der Geschlechtsregister (2 Chronik 12:15)
10.) eine Auslegung (Midrasch) Iddos, des Propheten (2 Chronik 13:22)
11.) Worte oder die Geschichte Jehus, des Sohnes Hananis (2 Chronik 20:34)
12.) die Begebenheiten Usijas von Jesaja, dem Propheten (2 Chronik 26:22)
13.) das Gesicht des Propheten Jesaja (2 Chronik 32:32)
14.) die Worte oder die Geschichte Hosais, des Sehers (2 Chronik 33:19)

Esra war ein Schriftgelehrter. Er redigierte diese Dokumente für die Rückkehrer aus dem Exil. Das apokryphe 2. Makkabäerbuch berichtet in den Versen 2:13-15, dass Nehemia eine große Bibliothek angesammelt hatte, welche Esra zur Verfügung stand.

14

2 Chronik

Autor
Die jüdische Tradition (der Talmud) überliefert Esra als den Autor. Das Buch ist aus der Perspektive eines Priesters geschrieben. (Vergleiche 2 Chronik 36:22-23 und Esra 1:1-3.) Esra war ein ausgebildeter Schriftgelehrter (Esra 7:6).

Zeit
971-538 v. Chr., vom Tempelbau Salomos bis zum Befehl des Perserkönigs Kyrus, den zerstörten Tempel wieder aufzubauen. Geschrieben nach der Gefangenschaft, zwischen 450 und 425. Der Priester Esra führte 457 einige weitere Rückkehrer aus dem Exil nach Jerusalem, um Gottes Volk dort das Wort Gottes zu lehren und ihren geistlichen Bedürfnissen zu dienen. Nehemia war der politische Leiter und der Prophet Maleachi war der moralische Leiter dieser Zeit.

Ort
Vor allem in Jerusalem.

Inhalt
Der Blick ist auf den Tempel gerichtet, besonders auf Gottes Wirken in Erweckungen. Die 2 Chronik beginnt mit der Herrlichkeit von Salomos Tempel und endet mit dessen Zerstörung. Dazwischen ist das Hauptaugenmerk auf die Erweckungen unter den guten Königen von Juda gerichtet. 70 % der 2 Chronik ist den 8 guten Königen gewidmet und nur 30 % den 12 bösen Königen. Das Nordreich Israel wird nur erwähnt, soweit es die Geschichte Judas berührt. Im Blickpunkt sind nicht die Propheten und Könige, sondern die Priester und der Tempel. Betont wird Religion und Erweckung, nicht Krieg und Politik. Das Versagen Salomos wird nicht erwähnt, nur seine Beziehung zum Tempel ist interessant.

Überblick
Kapitel 1-9: Der Tempel wird gebaut (Salomo)
Kapitel 10-36: Der Tempel wird zerstört (die Könige Judas)

Schlüsselverse
7:14 *... und mein Volk, über dem mein Name ausgerufen ist, demütigt sich, und sie beten und suchen mein Angesicht und kehren um von ihren bösen Wegen, dann werde ich vom Himmel her hören und ihre Sünden vergeben und ihr Land heilen.*

16:9 *Denn die Augen des HERRN durchlaufen die ganze Erde, um denen treu beizustehen, deren Herz ungeteilt auf ihn gerichtet ist.*

Schlüsselworte
Tempel, Priester, „sucht den Herrn", „der Herr war mit ihm"

Zweck
Die Königsbücher wurden geschrieben, um den Rückkehrern aus dem Exil die Geschichte des Volkes aus der Perspektive eines Propheten (Jeremia) zu lehren. Die Chronik wurde geschrieben, um sie aus der Perspektive eines Priesters (Esra) zu ermutigen, den Tempel Gottes zu bauen. Sie sollen die Bedeutung von Gott und die Priorität des Gottesdienstes in ihrem nationalen Leben verstehen. Die Reaktion des Volkes auf Gott und die Einstellung des Volkes zu Gott ist der bestimmende Faktor in seiner Geschichte und bestimmt sein Schicksal. (Das gilt auch für jede andere Nation oder Person.) *Die mich ehren, werde auch ich ehren* (1 Samuel 2:30). 2 Chronik erinnert uns daran, wie wertlos Formen und Rituale (der Tempel ...) sind, d.h. rein äußerliche Religiosität, wenn das Herz nicht dahintersteht. Es geht um das praktische Ausleben der Beziehung mit Gott in unserem Leben, um liebevollen Gehorsam, Vertrauen und Anbetung, – das Pflegen der persönlichen Gemeinschaft mit ihm. Der Tempel sollte ein Treffpunkt mit Gott sein. Die Bücher der Chronik erinnern die Israeliten in einer schwierigen Zeit an ihr geistliches Erbe und ihre Identität als Gottes auserwähltes Volk. Die Kontinuität mit der Vergangenheit wird betont.

Christus in 2 Chronik
Es ist interessant, dass das Buch der Chronik im hebräischen Alten Testament das letzte Buch war. Das Neue Testament beginnt mit dem Matthäusevangelium. Die beiden Stammbäume, mit denen diese Bücher beginnen, führen uns von Adam zu Christus. Eine weitere Beobachtung ist, dass es nach der Rückkehr aus dem Exil, als der Tempel gebaut wurde, keinen König mehr gab. Der „Thron" Davids existierte nicht mehr. Jedoch die Linie Davids war bewahrt worden und die Verheißung Gottes bestand noch immer, dass aus dieser Linie der Messias kommen würde, welcher den Thron Davids wieder aufrichten würde. Jesus erfüllt die Verheißung eines Messias-Königs. Er ist der Sohn Davids. Wie beim Heiligtum ist auch jedes Detail am Tempel ein Bild für Jesus und sein Werk für uns. In Matthäus 12:6 sagt Jesus, dass er größer ist als der Tempel. In Offenbarung 21:22 ersetzt Jesus den Tempel.

DIE BEDEUTUNG DES TEMPELS UND DES GOTTESDIENSTES			
Eine priesterliche Sicht der Geschichte Israels			
1 Chronik		*2 Chronik*	
Geschlechtsregister	König David	König Salomo	die Könige von Juda
von Adam bis David 1-3 / andere Linien 4-9	Vorbereitungen auf den Bau des Tempels 10-29	der Bau des Tempels; die Pracht des Tempels 1-9	der Verfall des Tempels 10-36
ganz Israel			*nur Juda*
über 3500 Jahre	33 Jahre	40 Jahre	ca. 393 Jahre

Modell des ersten Tempels, der von König Salomo erbaut wurde.
(Autor: Johnreve, Wikimedia Commons, Public Domain.)

Der Tempelberg in Jerusalem.

Hiskias Tunnel. S. 2 Chronik 32:30.

15

Esra

Autor
Die jüdische und frühchristliche Tradition überliefert den Priester und Schriftgelehrten Esra als Verfasser (s. 7:11-12). Esra verfasste 1 und 2 Chronik, Esra und Nehemia. Ursprünglich waren Esra und Nehemia ein Buch.

Zeit
538-457 v. Chr., die Geschichte der ersten und zweiten Heimkehrergruppe aus dem Exil.

Ort
Von Persien nach Jerusalem.

Inhalt
Das Buch Esra führt die Geschichte von 1 und 2 Chronik fort. Gott erfüllt seine Verheißung, sein Volk wieder in dessen Land zurückzubringen. (Siehe Jeremia 25:11-14, 29:10-14, Jesaja 44:28-45:13 und Daniel 9:1-3.) Das Buch Esra erzählt die Geschichte der Rückkehr aus dem Exil und des Wiederaufbaus des Tempels. Esra stellt sein Buch aus Erzählungen, Statistiken, Briefen, königlichen Anweisungen und Gebeten zusammen und zeigt die souveräne und gnädige Hand Gottes in der Geschichte seines Volkes. Das Buch berichtet über die erste Rückkehr unter Serubbabel und den Wiederaufbau des Tempels (begleitet von der Ermutigung und Ermahnung der Propheten Haggai und Secharja) und die Rückkehr einer weiteren Gruppe unter Esra, 60 Jahre später. Esra widmete sich dem geistlichen Wohl und Aufbau des Volkes. 13 Jahre später wird Nehemia eine weitere Gruppe nach Jerusalem führen, um die Stadtmauer wieder aufzubauen. Nur eine kleine Gruppe von Juden (ein Überrest) kehrt aus dem Exil zurück (etwa 2%). Aus ihnen macht Gott eine neue Nation.

Esra und Nehemia erzählen die Geschichte der Rückkehr und des Wiederaufbaus – von Gottes Wirken mit den Rückkehrern. Ester gibt uns einen Einblick in die Geschichte der im Exil Zurückgebliebenen.

Überblick
Kapitel 1-6: Tempelbau unter Serubbabel
Kapitel 7-10: Geistlicher Aufbau des Volkes unter Esra

Schlüsselverse

1:1-4 *Und im ersten Jahr des Kyrus, des Königs von Persien, erweckte der HERR, damit das Wort des HERRN aus dem Mund Jeremias erfüllt würde, den Geist des Kyrus, des Königs von Persien, dass er durch sein ganzes Reich einen Ruf ergehen ließ, und zwar auch schriftlich: So spricht Kyrus, der König von Persien: Alle Königreiche der Erde hat der HERR, der Gott des Himmels, mir gegeben. Nun hat er selbst mir den Auftrag gegeben, ihm in Jerusalem, das in Juda ist, ein Haus zu bauen. Wer immer unter euch aus seinem Volk ist, mit dem sei sein Gott, und er ziehe hinauf nach Jerusalem, das in Juda ist, und baue das Haus des HERRN, des Gottes Israels! Er ist der Gott, der in Jerusalem ist. ...*

6:14 *So bauten die Ältesten der Juden, und sie kamen gut voran gemäß der Weissagung Haggais, des Propheten, und Sacharjas, des Sohnes Iddos. Und sie bauten und vollendeten das Gebäude nach dem Befehl des Gottes Israels und nach dem Befehl des Kyrus und Darius und Artasasta, des Königs von Persien.*

7:10 *Esra hatte sein Herz darauf gerichtet, das Gesetz des HERRN zu erforschen und zu tun und in Israel die Ordnung und das Recht des HERRN zu lehren.*

Schlüsselphrasen
„Haus des HERRN", „Haus Gottes" und dergleichen; „Gesetz des HERRN", „Gesetz Gottes" und dergleichen

Zweck
Das Buch Esra ist eine Deklaration der Souveränität, der Gnade und der Treue Gottes. Gott vollbringt seinen Plan und erfüllt seine Verheißungen. Er benutzt dabei sogar heidnische Könige. Er sitzt auf dem Thron als ein liebevoller König! Juda wurde durch die 70-jährige Züchtigung im Exil von Götzendienst geheilt. Esra lehrt diese neue Nation die Wege des Herrn und die Abkehr von Sünde. Bildlich wird Gottes Wirken mit seinem Volk durch Jeremia in dem Bild von dem Töpfer und dem Ton zusammengefasst (Jeremia 18): Gott formt aus dem missratenen Gefäß ein neues Gefäß. Gott gibt uns nicht auf, wenn wir versagen; er lässt uns nicht fallen, er gibt uns mehr als eine Chance; er formt uns in sein Bild. Seine Pläne für uns sind gut, auch wenn der Formprozess manchmal schmerzhaft ist. Die Geschichte Israels ist eine Offenbarung von Gottes treuer Liebe und Barmherzigkeit. Das Wort an das „neue" Israel im Licht dieser Wahrheit ist auch sein Wort an uns: *Seid stark, ... und arbeitet! Denn ich bin mit euch, spricht der HERR, der Heerscharen* (Haggai 2:4).

Christus in Esra
Die Hoffnung auf den kommenden Messias blieb am Leben. Gott bewahrte die messianische Linie durch das Exil und bringt sie in Serubbabel, einem Nachkommen Davids, in das Verheißene Land zurück (s. Matthäus 1:12-13). Gottes Plan schreitet unablässig Schritt für Schritt voran auf Jesus zu.

CHRONOLOGIE DER BÜCHER ESRA – NEHEMIA – ESTER

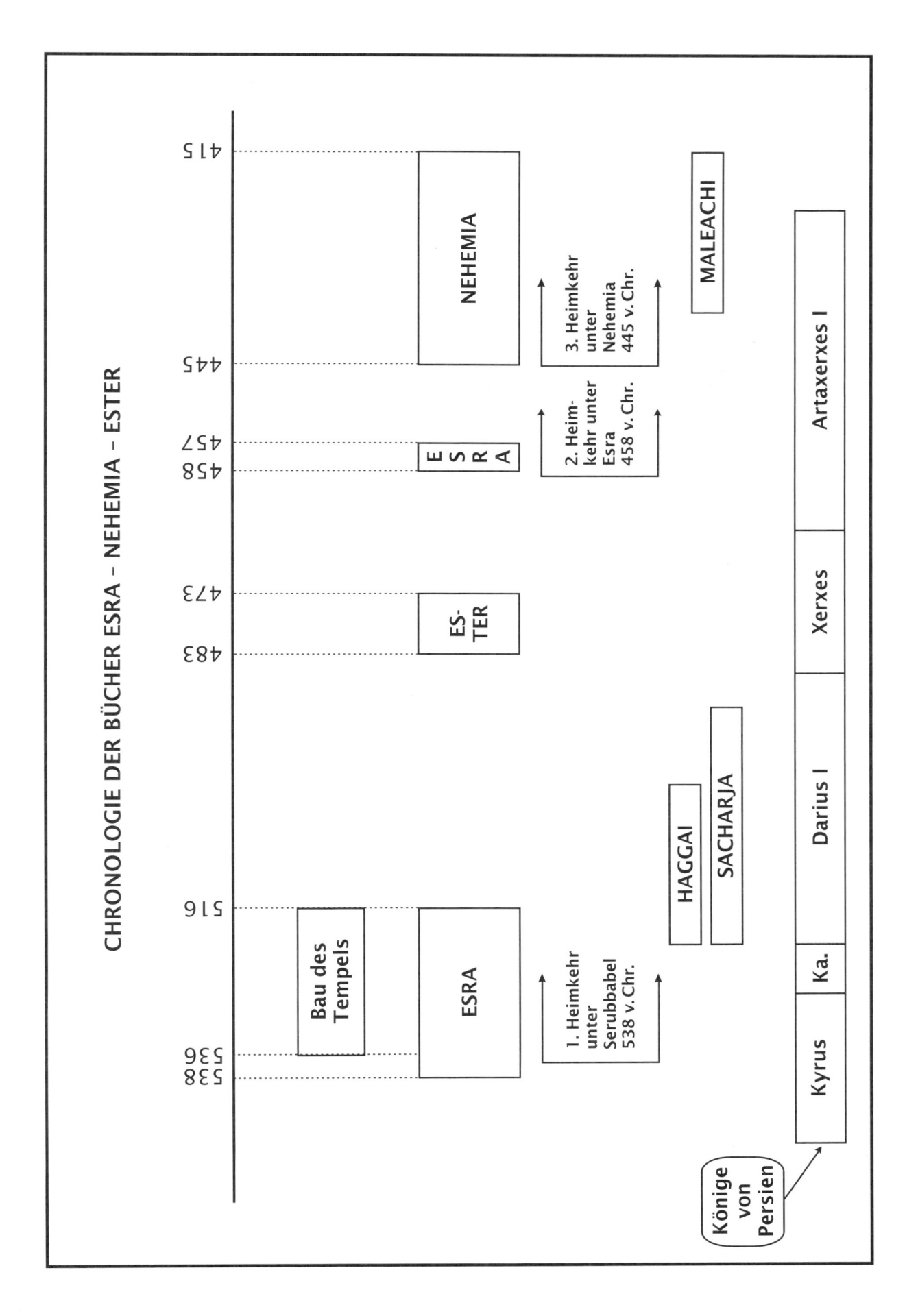

Jahr v.Chr.	Ereignis / Buch
538	
536	Bau des Tempels / ESRA — 1. Heimkehr unter Serubbabel 538 v.Chr.
516	
	HAGGAI
	SACHARJA
483 – 473	ESTER
458	
457	ESRA — 2. Heimkehr unter Esra 458 v.Chr.
445	NEHEMIA — 3. Heimkehr unter Nehemia 445 v.Chr.
415	
	MALEACHI

Könige von Persien: Kyrus – Ka. – Darius I – Xerxes – Artaxerxes I

DIE 4 ERLÄSSE				
Erlass	König	Jahr	Thema	Schriftstellen
1	Kyrus	536	Wiederaufbau des Tempels	Esra 1
2	Darius I (Hystaspes)	520	Fertigstellung des Tempels	Esra 4:24; 6:1-15
3	Artaxerxes (Longimanus)	458	Ausstattung des Tempels	Esra 7:11-27
4	Artaxerxes (Longimanus)	445	Wiederaufbau der Stadt	Nehemia 2:5

Quelle: Scroggie, S. 453.

DIE RÜCKKEHR UND DER TEMPEL 536-516				
536	535	535-520	520-518	516
1. Rückkehr aus dem Exil	Der Altar und das Fundament des Tempels werden errichtet	keine Arbeit am Tempelbau	Dienst von Haggai und Sacharja	Der Tempel wird 20 Jahre nach der Rückkehr vollendet

Quelle: Scroggie, S. 458.

ASSYRISCHE KÖNIGE		
Tiglat-Pileser III	745-727	2 Könige 15:29
Salmanasser V	727-722	2 Könige 17:3-6 & 18:9
Sargon II	722-705	2 Könige 18:11, Jesaja 20:1
Sanherib	705-681	2 Könige 18:13 usw.
Asarhaddon	691-669	2 Könige 19:37, Esra 4:2
Assurbanipal	669-626	2 Chronik 33:11, Esra 4:10

BABYLONISCHE KÖNIGE		
Nebukadnezar	605-562	2 Könige 24 & 25, Esra 5:12, Daniel 1-4
Ewil-Merodach	562-560	2 Könige 25:27

PERSISCHE KÖNIGE		
Kyrus der Große	539-530	Esra 1:1 usw., Jesaja 44:28, 45:1-13
Kambyses	530-522	
Smerdis	522	
Darius I	522-486	Esra 5 & 6
Xerxes I (Ahasveros)	486-465	Esra 4:6, Ester 1:1 usw.
Artaxerxes I (Artahsasta)	464-424	Esra 4:7-23, 7:1, 10:44, Nehemia

16 Nehemia

Autor
Die jüdische Tradition überliefert den Priester und Schriftgelehrten Esra als Verfasser. Esra verfasste 1 + 2 Chronik, Esra und Nehemia. Esra und Nehemia waren im jüdischen Kanon ein Buch. Das Buch Nehemia ist jedoch vor allem aus persönlichen Aufzeichnungen Nehemias zusammengesetzt.

Zeit
444–425 v. Chr. Das Buch beginnt im 20. Jahr des persischen Königs Artaxerxes und beschreibt eine Zeitspanne von etwa 20 Jahren. Die Ankunft Nehemias in Jerusalem erfolgt 13 Jahre nach Esras Rückkehr.

Ort
Persien und Jerusalem.

Inhalt
Der Wiederaufbau der Stadtmauer Jerusalems. Serubbabel baute den Tempel wieder auf, Esra baute das Volk wieder auf und Nehemia baut die Mauer wieder auf. Das Buch ist ein gutes Handbuch für Leiterschaft. Nehemia war ein Mann des Gebetes und des Wortes, voller Glauben, Mut und Weisheit. Er war selbstlos, ein Mann der Tat und ein harter Arbeiter. Er ist ein gutes Vorbild für das Wort Jesu: *„Wachet und betet"*. Es gibt keinen Sieg ohne Kampf, Arbeit und Gebet. Nehemia geht mit gutem Beispiel voran, er *achtet andere höher als sich selbst* (Philipper 2:3), er ist nicht auf den eigenen Vorteil aus, sondern auf das Wohl des Volkes. Wir sehen in diesem Buch die richtige Ausgewogenheit zwischen Gebet und Arbeit, zwischen Ausrichtung und Vertrauen auf den souveränen Gott und menschlicher Verantwortung und menschlichem Tun.

Überblick
Kapitel 1–6: Wiederaufbau der Stadtmauer – 52 Tage
Kapitel 7–13: Unterweisung des Volkes und Reformation – etwa 19 Jahre

Schlüsselverse
1:17 *Nun sagte ich zu ihnen: Ihr seht das Unglück, in dem wir sind, dass Jerusalem verödet daliegt und seine Tore mit Feuer verbrannt sind. Kommt und lasst uns die Mauer Jerusalems wieder aufbauen, damit wir nicht länger geschmäht werden können!*

6:15–16 *Und die Mauer wurde am 25. des Monats Elul, in 52 Tagen fertiggestellt. Und es geschah, als alle unsere Feinde es hörten, da fürchteten sich alle Nationen, die rings um uns her waren, und unsere Feinde sanken sehr in ihren Augen. Und sie erkannten, dass dieses Werk von unserem Gott aus geschehen war.*

8:8-10   *Und sie lasen aus dem Buch, aus dem Gesetz Gottes, abschnittsweise vor, und gaben den Sinn an, sodass man das Vorgelesene verstehen konnte.*

Schlüsselworte
Beten/Gebet, arbeiten/Arbeit, bauen

Zweck
Gott stellt wieder her. Das Buch zeigt uns, wie auch den damaligen Nationen, die Treue und Fürsorge Gottes für sein Volk und sein machtvolles souveränes Wirken. Wir sehen darüber hinaus auch einen vorbildlichen Menschen, den Gott gebrauchte. Mit dem Buch Nehemia endet die alttestamentliche Geschichte.

Christus in Nehemia
Die alttestamentliche Geschichte endet etwa 400 Jahre vor Christus. Jerusalem ist wieder aufgebaut, der Bund wurde erneuert und die Linie des Messias wurde bewahrt. Es gibt jedoch keinen König in Israel. Die Nation steht unter Fremdherrschaft. Das Volk wartet auf den Messias.
Jesus gab wie Nehemia seine hohe Position auf, um sich mit seinem Volk zu identifizieren und seinen Auftrag auszuführen (Philipper 2:5-11).

Ein Überrest der Stadtmauer Jerusalems, die Nehemia errichten ließ.

17

Ester

Autor
Ein unbekannter Jude in Persien. Der Autor war mit den Gebräuchen am persischen Königshof vertraut.

Zeit
Von 483 v. Chr. (das Festmahl im Kapitel 1) bis 473 v. Chr. (die Ereignisse im Kapitel 9), 10 Jahre während der Regierungszeit des Perserkönigs Xerxes. Chronologisch ist das Buch Ester zwischen den Kapiteln 6 und 7 im Buch Esra einzuordnen. Geschrieben um 460 v. Chr.

Ort
Persien, in und um den königlichen Palast in Susa (einer von drei persischen Hauptstädten neben Babylon und Persepolis).

Inhalt
Gott rettet sein Volk durch die Königin Ester vor der Vernichtung. Er zieht die Fäden im Hintergrund. Die Geschichte Esters ist ein Zeugnis für Gottes Vorsehung, seine Fürsorge, seine Treue und seine Bewahrung seines Volkes. Gott züchtigt sein Volk, aber er verlässt es nie. Er hält die Geschichte souverän in seinen Händen. Baxter definiert Gottes Vorsehung als „die souveräne Manipulation von all den gewöhnlichen, natürlichen Tätigkeiten des menschlichen Lebens in so einer Weise, dass sie durch natürliche Prozesse jene Resultate hervorbringen, die von Gott vorherbestimmt sind."* Es gibt keine Zufälle.

Das Auffallende an diesem Buch ist, dass Gott, das Gesetz, der Tempel und die Anbetung nicht erwähnt werden (Jerusalem nur einmal, als historischer Hintergrund in 2:6). Allerdings kommt der Gottesname JHWH im hebräischen Text an Stellen, in denen die Geschichte entscheidende Wendungen nimmt, viermal in akrostichischer Form vor (die Anfangs- bzw. Endbuchstaben von aufeinanderfolgenden Worten) und EHJH (der „Ich bin") einmal. Die Lektion ist: Gott wirkt auch im Verborgenen.

Überblick
Kapitel 1-4:   Bedrohung
Kapitel 5-10: Errettung

---

* Baxter, S. 260. Übersetzung: meine.

Schlüsselvers
4:14 Denn wenn du zu diesem Zeitpunkt wirklich schweigst, so wird Befreiung und Errettung für die Juden von einem andern Ort her erstehen. Du aber und das Haus deines Vaters, ihr werdet umkommen. Und wer erkennt, ob du nicht gerade für einen Zeitpunkt wie diesen zur Königswürde gelangt bist?

Schlüsselworte
Juden, Gunst, Fest, (Gott fehlt!)

Zweck
Das Buch zeigt Gottes Fürsorge für sein Volk und sollte die zerstreuten Juden ermutigen. Er sieht uns, auch wenn wir ihn nicht sehen. *Gott bleibt treu, selbst wenn wir untreu sind* (2 Timotheus 2:13). Das Buch erklärt den Ursprung des jüdischen Purimfestes. Es liefert darüber hinaus vielleicht auch die Erklärung, warum Nehemia Gunst fand bei Artaxerxes, dem Stiefsohn Esters.

Christus in Ester
Hier beobachten wir wieder einen Versuch Satans, die Vorfahren bzw. das Volk des Messias auszurotten (s. auch Kain, Pharao, Herodes). Ester erinnert an Christus, in ihrer Bereitschaft, für ihr Volk einzutreten und ihr Leben für ihr Volk zu opfern.

18

Hiob

Autor
Unbekannt. Die jüdische Tradition nennt Mose.

Zeit
Um 2000 v. Chr., zur Zeit der Patriarchen. Hiob ist wahrscheinlich das älteste Buch der Bibel.

Ort
Das Land Uz (Nord-Arabien und Irak).

Inhalt
Gott ist es wert angebetet zu werden, unabhängig von dem, was er für uns tut – wegen dem, wer er ist, nicht wegen dem, was er uns gibt. Hiob bekommt die Gelegenheit, dies vor der sichtbaren und unsichtbaren Welt zu bezeugen. Dahinter steht ein geistlicher Konflikt.
Das Buch Hiob dreht sich um die Frage des unverschuldeten Leids. Warum leiden Gerechte, wenn Gott ein liebender und allmächtiger Gott ist? Das Buch beschreibt die Erfahrung eines Menschen, dessen Glaube bis zu seinen Grenzen geprüft wird. Mit einem Schlag (eigentlich zwei Schlägen) verliert Hiob alles außer seinem Leben. Hiobs Freunde versuchen sein Leid zu erklären, doch ihre gesetzlichen, menschlichen Antworten greifen zu kurz. Hiob möchte sich vor Gott rechtfertigen. Er will seine Situation verstehen. Doch Gott weist Hiob und seine Freunde zurecht. Er beantwortet Hiobs Frage nach dem „Warum" nicht. Die Antwort auf Hiobs verzweifelte Frage ist nicht das Verstehen seiner Situation, sondern Gott selbst und Hiobs Vertrauen auf ihn. In schweren Zeiten müssen wir an Gottes Güte und Souveränität festhalten. Das Buch ist eine der deutlichsten Illustrationen von Römer 8:28 im Alten Testament. Gott wendet Hiobs Leid am Ende zum Guten.
Das Buch Hiob ist ein literarisches Meisterwerk. Es besteht aus einem poetischen Teil, umrahmt von einem Prolog (Kapitel 1-2) und einem Epilog (42:7-17), welche in Prosa gehalten sind.

Überblick

1:1-5	Einleitung
1:6-2:10	Kontroverse zwischen Satan und Gott
2:11-37:24	Kontroverse zwischen Hiob und seinen Freunden
	2:11-31:40 Elifas, Bildad und Zofar: *„Leid ist immer die Folge von Sünde."*
	Kapitel 32-37: Elihu: *„Leid dient auch der Erziehung & Reifung."*
38:1-42:6	Kontroverse zwischen Hiob und Gott
42:7-17	Epilog

Schlüsselverse

1:21   *Und er sagte: Nackt bin ich aus meiner Mutter Leib gekommen, und nackt kehre ich dahin zurück. Der HERR hat gegeben, und der HERR hat genommen, der Name des HERRN sei gepriesen!*

2:10   *Er aber sagte zu ihr: Wie eine der Törinnen redet, so redest auch du. Das Gute nehmen wir von Gott an, da sollten wir das Böse nicht auch annehmen? Bei alldem sündigte Hiob nicht mit seinen Lippen.*

13:15   *Siehe, er wird mich töten, ich will auf ihn warten, nur will ich meine Wege ihm ins Angesicht rechtfertigen.*

19:23-27   *O dass doch meine Worte aufgeschrieben würden! Dass sie in ein Buch kämen und aufgezeichnet würden, mit eisernem Griffel und Blei in den Felsen gehauen würden auf ewig! Doch ich weiß: Mein Erlöser lebt; und als der Letzte wird er über dem Staub stehen.*

23:10   *Denn er kennt den Weg, der bei mir ist. Prüfte er mich, wie Gold ginge ich hervor.*

40:3-5   *Da antwortete Hiob dem HERRN und sagte: Siehe, zu gering bin ich! Was kann ich dir erwidern? Ich lege meine Hand auf meinen Mund. Einmal habe ich geredet, und ich will nicht mehr antworten; und zweimal, und ich will es nicht wieder tun.*

42:1-6   *Und Hiob antwortete dem HERRN und sagte: Ich habe erkannt, dass du alles vermagst und kein Plan für dich unausführbar ist. „Wer ist es, der den Ratschluss verhüllt ohne Erkenntnis?" So habe ich denn meine Meinung mitgeteilt und verstand doch nichts, Dinge, die zu wunderbar für mich sind und die ich nicht kannte. Höre doch, und ich will reden! Ich will dich fragen, und du sollst es mich wissen lassen! Vom Hörensagen hatte ich von dir gehört, jetzt aber hat mein Auge dich gesehen. Darum verwerfe ich mein Geschwätz und bereue in Staub und Asche.*

Schlüsselwort
warum

Zweck

Das Buch Hiob bezeugt Gottes absolute Souveränität und seinen absoluten Wert. Gott hat alles unter seiner Kontrolle, und er ist es wert angebetet zu werden, unabhängig von unseren Umständen.

Das Buch Hiob hat wichtige Lektionen für alle Leidenden und ihre Ratgeber: Gott selbst ist die Antwort auf unser Leid – nicht, alles zu verstehen. Er fordert uns zu einer demütigen Unterordnung unter seine Souveränität auf – ohne Selbstgerechtigkeit und voll Vertrauen auf seine Güte. Menschliche Philosophien und Antworten greifen zu kurz. Wir haben nicht die Antwort auf alle Fragen. Gott will uns jedoch einen Frieden schenken, *der alles Verstehen übersteigt* (Philipper 4:7).

Wenn wir als Ratgeber keine klaren Antworten aus Gottes Wort haben, ist es besser zu schweigen, als oberflächliche menschliche Ratschläge zu geben. Hiobs Fall ist eine Warnung an alle Seelsorger vor Schubladendenken, ungerechtfertigten Vereinfachungen und schnellen Rückschlüssen. Obwohl Leid eine Folge von Sünde sein kann, ist das keineswegs immer so. Wir können Menschen vor dem „Lohn" der Sünde warnen, aber wir dürfen nicht umgekehrt annehmen, dass jeder, den wir leiden sehen, gesündigt haben muss. Die Ursache für Hiobs Leid ist nicht Sünde, sondern in einem gewissen Sinn sogar seine Gerechtigkeit. Gott freut sich über Hiob und traut ihm zu, zu bestehen. Durch sein Leid hat Hiob das Vorrecht, Gottes Wert zu bezeugen und ihm Ehre zu bringen. Leid ist nicht sinnlos.

Das Buch Hiob gibt Einsichten in den geistlichen Kampf hinter Hiobs Leid. Satan darf nur soweit zerstören, wie Gott es zulässt. Gott ist der absolut souveräne Herrscher dieses Universums.

Christus in Hiob

Jesus (s. 1 Timotheus 2:5) ist die Antwort auf Hiobs Schrei nach einem Schiedsmann bzw. Mittler (9:33). Er ist die Antwort auf den Hunger nach Gerechtigkeit vor Gott und nach ewigem Leben. Er ist der Erlöser (19:25).

Er versteht unser Leid aus eigener Erfahrung (s. Jesaja 53:3, Hebräer 4:15). Wir dürfen mit unserem Leid zu ihm kommen. Wir sind nicht allein in unserem Leid.

19

Psalmen

Autor
David schrieb zumindest 73 Psalmen, Asaf 12, die Söhne Korachs 10, Salomo 2, Mose 1, Ethan 1, Heman 1, und von 50 Psalmen ist der Autor nicht bekannt.

Zeit
Geschrieben über eine Zeitspanne von etwa 1000 Jahren von der Zeit Moses bis nach dem Exil (Esra). Die meisten Psalmen wurden in der Zeit von David (1000 v. Chr.) bis Hiskia (700 v. Chr.) geschrieben.

Inhalt
Das griechische Wort „Psalmoi" bedeutet „Lieder zur Begleitung mit Saiteninstrumenten". Der hebräische Titel für das Buch ist „Tehillim", d. h. „Loblieder". Die Psalmen waren das Lobpreisliederbuch Israels. In ihnen finden wir die gesamte Bandbreite menschlicher Emotionen und Erfahrungen mit Gott. Die Psalmen sind das im Neuen Testament am häufigsten zitierte alttestamentliche Buch und das längste Buch der Bibel.

Überblick
Die Rabbis nannten die Psalmen den Pentateuch Davids. Die Psalmen sind in 5 Bücher unterteilt. Jedes endet mit einem besonderen Lobpreis. Viele Psalmen haben eine Einleitung mit einer Kurzbeschreibung und/oder Anweisungen für die Musiker. 52 Psalmen haben einen einfachen Titel. 14 beinhalten einen Hinweis auf den geschichtlichen Hintergrund. In 4 Psalmen wird ein besonderer Zweck angegeben. 34 Psalmen haben keinen Titel.

Buch 1: Ps 1–41 – vor allem von David (1 Mose: Mensch und Schöpfung), gesammelt von Salomo.

Buch 2: Ps 42–72 – vor allem von David und den Söhnen Korachs (2 Mose: Befreiung und Erlösung), gesammelt von den Söhnen Korachs.

Buch 3: Ps 73–89 – vor allem von Asaf (3 Mose: Anbetung und Heiligtum), wahrscheinlich gesammelt von Hiskia.

Buch 4: Ps 90–106 – Autor meist unbekannt (4 Mose: Wüste und umherziehen), wahrscheinlich gesammelt von Esra und Nehemia.

Buch 5: Ps 107–150 – vor allem von David (5 Mose: Schrift und Lobpreis), wahrscheinlich gesammelt von Esra und Nehemia.

Schlüsselverse

18:2-3 *Ich liebe dich, HERR, meine Stärke! Der Herr ist mein Fels und meine Burg und mein Erretter, mein Gott ist mein Hort, bei dem ich mich berge, mein Schild und das Horn meines Heils, meine hohe Feste.*

19:15 *Lass die Reden meines Mundes und das Sinnen meines Herzens wohlgefällig vor dir sein, HERR, mein Fels und mein Erlöser.*

27:4 *Eins habe ich vom HERRN erbeten, danach trachte ich: zu wohnen im Haus des HERRN alle Tage meines Lebens, um anzuschauen die Freundlichkeit des HERRN und nachzudenken in seinem Tempel.*

146:1-2 *Halleluja! Lobe den HERRN, meine Seele! Loben will ich den HERRN mein Leben lang, will spielen meinem Gott, solange ich bin.*

Schlüsselworte

loben, preisen (viele verschiedene Worte im Hebräischen), *HERR, vertrauen, rufen*

Zweck

Wir leben in der Gegenwart Gottes. Jederzeit können wir uns an ihn wenden und ihm unser Herz ausschütten. Wir können Gott immer anbeten – in den Tiefen der Verzweiflung genauso wie in den Zeiten höchster Freude. Die Psalmen wollen allen Kindern Gottes helfen, ihn zu jeder Zeit anzubeten. Sie waren immer ein Gebets- und Lobpreisliederbuch für Gottes Volk.

Psalmen sind Poesie. Es ist hilfreich, beim Lesen auf Symbolismus, Parallelismus, Übertreibung und Bildsprache zu achten und die Veränderung von Gefühlen bzw. Sichtweisen im Auge zu behalten. Gebet und Lobpreis verändern den Anbeter.
Anbetung und Lobpreis sind unsere Reaktion auf die Person Gottes und sein Wirken mit uns – auf seine Souveränität und Macht und seine Gnade. Wenn wir Gott anbeten, demütigen wir uns vor ihm und drücken unsere Hochachtung, Wertschätzung und Dankbarkeit für ihn, unser Vertrauen in ihn und unsere Freude über ihn aus. In der Anbetung nehmen wir den Platz ein, für den wir geschaffen wurden. Wir können absolut ehrlich und offen zu Gott kommen und ihm unser Herz und unsere Gefühle ausschütten. An der Anbetung ist der ganze Mensch beteiligt mit Geist, Seele (Gefühle, Willen, Denken) und Leib.

Christus in den Psalmen

112-mal werden die Psalmen im Neuen Testament zitiert. Etwa die Hälfte dieser Zitate beziehen sich auf den Messias. Die wichtigsten messianischen Psalmen sind Ps 2, 6, 16, 22, 23, 24, 40, 41, 45, 68, 69, 72, 89, 102, 110 und 118. Viele Details aus dem Leben Jesu, seiner Kreuzigung und seiner Herrschaft werden in den Psalmen vorhergesagt.

DIE HÄUFIGKEIT DER VERSCHIEDENEN NAMEN GOTTES IN DEN PSALMEN							
Hebräischer Name	Name in der deutschen Bibel	Bedeutung	1. Buch 1-41	2. Buch 42-72	3. Buch 73-89	4. Buch 90-106	5. Buch 107-150
Jah, Jahwe, oder JHWH	HERR	der Seiende/ Werdende, „Ich bin der ich bin" (Bundesname Gottes)	275	31	43	101	226
El *oder* Elohim	Gott	der Allmächtige	67	207	85	32	41
Adonai	Herr	souveräner Herr	13	19	15	2	12
Schaddai	Der Allmächtige			1	1	1	

BEISPIELE FÜR VERSCHIEDENE ARTEN VON PSALMEN	
Klagelied, persönlich	13
Klagelied, kollektiv	44
Loblied	100
Vergeltung	35
messianisch, der königliche Messias	2, 18
messianisch, der leidende Messias	22
Buße	51
Weisheit / Lehre	1, 37
Schöpfung	104
Geschichte	78
Wallfahrtslied	120-134
Meditation	19

AUSDRUCKSFORMEN BEI DER ANBETUNG	
weinen	56:9
schreien	142:2
knien	95:6
neigen	95:6
Stille	62:2, 37:7
Hände heben	63:5
Musik machen	33:2-3
klatschen	47:2
jauchzen	47:2
tanzen	149:3
stehen	134:1
harren (im Vertrauen warten)	27:14, 37:7

DAS LEBEN DAVIDS IN DEN PSALMEN	
Hirte	23
Ausgestoßener und Flüchtling	52, 54, 56, 57, 59, 69
König	68
Musiker	57:8-9, 108:2-4, 144:9
in Krankheit	38, 39, 41
bei der Buße	32, 51
in seinem Alter	71

POESIE: HEBRÄISCHER PARALLELISMUS

Die häufigsten Arten sind:

Synonymer Parallelismus: Derselbe Gedanke wird in anderen Worten wiederholt. (Bsp.: Hiob 38:7 – *als die Morgensterne miteinander jauchzten und alle Söhne Gottes jubelten.*)

Antithetischer Parallelismus: Zwei Gegensätze werden einander gegenübergestellt. (Bsp.: Sprüche 14:34 – *Gerechtigkeit erhöht ein Volk, die Sünde aber ist die Schande der Völker.*)

Synthetischer Parallelismus: Ein Gedanke baut auf dem nächsten auf und erweitert. diesen (Bsp.: Psalm 1:3 – *Der ist wie ein Baum, gepflanzt an Wasserbächen, der seine Frucht bringt zu seiner Zeit, und seine Blätter verwelken nicht, und alles, was er tut, gerät wohl.*)

Exemplarischer Parallelismus: Ein Bild illustriert eine Wahrheit. (Bsp.: Sprüche 27:15 – *Ein tropfendes Dach, das einen vertreibt am Tag des Regengusses, und eine zänkische Frau gleichen sich.*)

AKROSTICHEN

Die Psalmen 9, 10, 25, 34, 37, 11, 112, 119 und 145 sind alphabetische Psalmen (Akrostichen). Jeder Vers, jede Zeile oder jede Strophe beginnt mit einem der 22 Buchstaben des hebräischen Alphabets in alphabetischer Reihenfolge. In Psalm 119 beginnen immer 8 aufeinanderfolgende Verse mit einem Buchstaben des Alphabets. Neben der poetischen Bedeutung diente dies als Hilfe zum Auswendiglernen.

SELA

71-mal kommt das Wort „Sela" in den Psalmen vor. Seine Bedeutung ist ungewiss. Wahrscheinlich handelt es sich um einen Hinweis für die Musiker und meint eine Pause oder ein instrumentales Zwischenspiel.

20
Sprüche

Autor
Die meisten Sprüche stammen von Salomo (siehe 1:1; 10:1; 25:1), der als ein Verfasser von Sprichwörtern bekannt war. Er verfasste 3000 Sprüche, jedoch nur etwa 800 sind uns überliefert (siehe 1 Könige 5:12, Prediger 12:9). Die Kapitel 25-29 wurden von Salomo geschrieben und unter König Hiskia zusammengestellt.
Kapitel 30 wird Agur und Kapitel 31 wird Lemuel zugeschrieben. Von diesen Autoren ist wenig bekannt.

Zeit
Geschrieben vor allem während Salomos Herrschaft von 971-931 v. Chr. Die Sammlung durch die Männer Hiskias geschah um 700 v. Chr.

Inhalt
Weisheit durch die Furcht des HERRN. Praktische Ratschläge vom Himmel für unser Leben auf der Erde.
Die Furcht des HERRN ist der Weisheit Anfang: Kein Mensch kann weise werden, wenn er sein Leben nicht in der richtigen Beziehung mit Gott lebt, der die Weisheit in Person ist. Die Sprüche sind ein sehr praktisches Buch. Es zeigt uns, wie wir weise leben können in vielen Bereichen unseres täglichen Lebens. Verschiedene literarische Stile und Formen kommen zum Einsatz: Poesie, kleine Gleichnisse und Geschichten und Fragen. Die meisten Sprüche bestehen aus Parallelismen und bringen Wahrheiten durch Vergleiche und Gegensätze prägnant auf den Punkt. Das Lob einer tüchtigen Frau in 31:10-31 ist ein alphabetisches Akrostichon.

Überblick
Kapitel 1-9: Salomos Worte an „seinen Sohn" (1:1-7 Einleitung)
Kapitel 10-24: Weisheitssprüche Salomos
Kapitel 25-29: Sprüche Salomos, die von den Männern Hiskias gesammelt wurden
Kapitel 30: Worte Agurs
Kapitel 31: Worte Lemuels

Schlüsselverse
1:7 *Die Furcht des HERRN ist der Anfang der Erkenntnis. Weisheit und Zucht verachten nur die Narren.*

2:6 *Denn der HERR gibt Weisheit. Aus seinem Mund kommen Erkenntnis und Verständnis.*

3:5-6 *Vertraue auf den Herrn mit deinem ganzen Herzen und stütze dich nicht auf deinen Verstand! Auf all deinen Wegen erkenne nur ihn, dann ebnet er selbst deine Pfade!*

9:10 *Die Furcht des HERRN ist der Weisheit Anfang; und Erkenntnis des allein Heiligen ist Einsicht.*

14:27 *Die Furcht des HERRN ist eine Quelle des Lebens, um die Fallen des Todes zu meiden.*

Schlüsselworte
Weisheit, „Furcht des HERRN", aber, gerecht, Gerechtigkeit

Zweck
Sprüche 1:2-6 erklärt den Zweck des Buches: *... um Einfältigen Klugheit zu geben, dem jungen Mann Erkenntnis und Besonnenheit. Der Weise höre und mehre die Kenntnis und der Verständige weisen Rat ...* (1:4-5). Die Sprüche geben uns Gottes weisen Rat für viele verschiedene Lebensbereiche und Themen: Weisheit & Torheit, Stolz & Demut, Gerechtigkeit, Faulheit & Fleiß, Armut & Reichtum, Liebe & Lust, Zorn & Zank, Umgang mit Finanzen, Arbeit, Erziehung, Beziehung zu Gott, Eltern, Kindern, Nächsten, Freunden, Geschäftspartnern, Regierung, Kommunikation, Herzenseinstellungen ... Das Buch der Sprüche hilft uns reife Persönlichkeiten zu werden, die mit einer geistlichen ewigen Perspektive leben, und warnt uns vor einem kurzsichtigen lustgesteuerten Leben.
Die Sprüche wurden den jüdischen Kindern gelehrt.

Christus in den Sprüchen
In ihm sind alle Schätze der Weisheit und Erkenntnis verborgen (Kolosser 2:3). Jesus ist der Sohn in 30:4. Er ist der wunderbare Ratgeber (Jesaja 9:5).

21

Prediger

Autor
König Salomo (s. 1:1+12): *Worte des Predigers, des Sohnes Davids, des Königs in Jerusalem* (s. auch 1:16, 2:4-8, 12:9).

Zeit
Geschrieben um 935 v.Chr., gegen Ende der Herrschaft Salomos (971-931). (S. 1 Könige 11.) Es wird angenommen, dass Salomo das Hohelied in seiner Jugend, die Sprüche in seinen weisen Jahren und Prediger am Ende seines Lebens geschrieben hat.

Inhalt
Die Suche nach Zufriedenheit und Sinn. Das Buch Prediger beschreibt die Sinnlosigkeit, Orientierungslosigkeit und Frustration eines Lebens ohne Gott.
In Prediger beobachten wir die Erfahrung eines Menschen, der den geistlichen Aspekt seines Lebens aus den Augen verloren hat. – Ein Mann, der alle Dinge und Weisheit dieser Welt im Überfluss hatte und die besten Voraussetzungen für ein erfolgreiches, gottgefälliges Leben, aber der alles wegwarf, weil er sich durch die Vergnügungen und den Luxus dieser Welt verführen ließ. Am Ende seines Lebens schaut er zurück und erkennt, dass ein erfülltes, sinnvolles Leben nur in Beziehung mit Gott möglich ist: in der Furcht Gottes und im Halten seiner Gebote.
Während uns die Sprüche die Weisheit Gottes praktisch darlegen, hat Prediger eher einen philosophischen Charakter. Die Sprüche zeigen uns den Weg der Weisheit, Prediger beschreibt den Weg des Toren und die Folgen von Ungehorsam und Rebellion. Gott zu entthronen heißt, den Schlüssel zum Leben wegzuwerfen. In diesem Buch wird die Erfahrung eines Menschen festgehalten, der den Herrn nicht fürchtete und so den Schlüssel für Weisheit und Erkenntnis (d. h. zu einem gelungenen Leben) verlor. Er hatte einen religiösen, intellektuellen Glauben an die Existenz Gottes, er baute sogar den Tempel in Jerusalem, aber zumindest für viele Jahre seines Lebens folgte er ihm nicht nach, unterwarf sich ihm nicht und vertraute ihm nicht mit seinem ganzen Herzen.
Die Perspektive des Predigers ist eine innerweltliche. Er beschreibt die menschlichen Erfahrungen und Beobachtungen seines irdischen Lebens *unter der Sonne*. Das Buch hat die Form einer Predigt (oder einer Sammlung von Predigten). Man kann das Buch erst verstehen und auslegen, wenn man es zu Ende gelesen hat.

Überblick

1:1-11	Einleitung: Das Problem: Es scheint keinen Sinn in der Welt zu geben.
1:12-12:8	Das Problem wird studiert: Die Suche nach Sinn und Zufriedenheit in dieser Welt.
	1:12-2:26 Eigene Erfahrungen
	3:1-12:8 Beobachtungen
12:9-14	Die Lösung des Problems: Sinn und Erfüllung sind nicht in dieser Welt zu finden, sondern in Gott.

Schlüsselverse

1:1-3 *Worte des Predigers, des Sohnes Davids, des Königs in Jerusalem. Nichtigkeit der Nichtigkeiten! – spricht der Prediger; Nichtigkeit der Nichtigkeiten, alles ist Nichtigkeit! Welchen Gewinn hat der Mensch von all seinem Mühen, mit dem er sich abmüht unter der Sonne?*

12:13-14 *Das Endergebnis des Ganzen lasst uns hören: Fürchte Gott und halte seine Gebote! Denn das soll jeder Mensch tun. Denn Gott wird jedes Werk, es sei gut oder böse, in ein Gericht über alles Verborgene bringen.*

Schlüsselworte

Nichtigkeit, „unter der Sonne", „welchen Gewinn?", Gott

Zweck

Vielleicht war Salomo im hohen Alter umgekehrt von seinen gottlosen Wegen. Vielleicht beschreibt er in dem Buch Prediger die schmerzlichen Lektionen seines Lebens, die er an andere weitergeben wollte.
Die Juden lesen dieses Buch jedes Jahr am Laubhüttenfest, dem freudigsten Fest des Jahres. Das Buch zeigt, wie man das Leben in der Furcht Gottes genießen kann, aber es macht auch deutlich, dass ein Leben ohne Gott zu absoluter Leere, Frustration, Verzweiflung, Hoffnungslosigkeit, Depression, Fatalismus und Zynismus führt. Es gibt keine Zufriedenheit in dem, was die Welt zu bieten hat ohne Gott. Zufriedenheit ist nur in Gott zu finden. Ein Leben, das man nur für sich selbst und für diese Welt lebt, ist Nichtigkeit. Nichts „unter der Sonne" kann das menschliche Herz wirklich befriedigen. Diese Rastlosigkeit unseres Herzens ohne Gott ist ein Hinweis auf ihn. Tief im Herzen sind wir alle Perfektionisten. Wir sind auf Gott hin geschaffen. Nach ihm sehnt sich unser Herz. Der Kirchvater Augustinus sagte: „Unruhig ist mein Herz in mir, bis es ruht in dir, mein Gott!"
Die Furcht des HERRN ist der Weisheit Anfang; und Erkenntnis des allein Heiligen ist Einsicht (Sprüche 9:10). Prediger ist ein wichtiges Buch für alle, die „unter der Sonne" leben, besonders in unserer Zeit, die so von Stolz, Egoismus, Hedonismus, Materialismus, Naturalismus und Relativismus geprägt ist. *Liebt nicht die Welt, noch was in der Welt ist* (1 Johannes 2:15).

Christus in Prediger

Gott hat die Ewigkeit in das Herz jedes Menschen gelegt (3:11). Jeder Mensch wird endlos und erfolglos auf der Suche sein, bis er Jesus findet. *Jesus sprach zu ihnen: Ich bin das Brot des Lebens: Wer zu mir kommt, wird nicht hungern, und wer an mich glaubt, wird nimmermehr dürsten* (Johannes 6:35). *Dies aber ist das ewige Leben, dass sie dich, den allein wahren Gott und den du gesandt hast, Jesus Christus, erkennen* (Johannes 17:3). Jesus ist der wahre Hirte (12:11, siehe Johannes 10:14).

22

Hohelied

Autor
Traditionell gilt König Salomo als der Autor des Hohelieds, und er wird an einigen Stellen im Buch erwähnt (1:1.5, 3:7.9.11, 8:11-12). Die Beschreibung von materiellem Luxus (3:6-11) passt gut zu Salomo. Auch seine vielen Frauen und Nebenfrauen in 6:8 (später hatte er noch mehr – siehe 1Könige 11:3). Im Hohelied werden 21 Blumenarten und 15 Tierarten erwähnt. Salomo war bekannt als sachkundiger Botaniker (1 Könige 5:13). Nach 1 Könige 5:12 schrieb Salomo 1005 Lieder. – Hier ist sein größter Hit.

Der hebräische Titel „Schir Haschirim" bedeutet „Lied der Lieder" nach 1:1. Das bedeutet so viel wie „das schönste Lied" oder „das beste Lied".

Zeit
Salomo schrieb das Buch als junger Mann, etwa um 965 v. Chr.

Inhalt
Das Hohelied beschreibt die romantische Liebe zwischen einem Mann und einer Frau in der Ehe als Bild für die Liebesbeziehung Gottes mit seiner Braut, der Gemeinde. Es ist ein dramatisches Liebeslied. Die vorkommenden Personen sind Sulamith, König Salomo, die Töchter Jerusalems (Chor) und Gott in 5:1.
Das Hohelied ist eines der umstrittensten Bücher der Bibel. Die Einen sehen es als reines Liebeslied mit moralischer Aussage, aber ohne geistlichen Inhalt, die Anderen wollen das Buch rein allegorisch deuten – als ein Bild für Gottes Liebe zu seinem Volk Israel bzw. seiner Gemeinde. Eine ausgeglichene Sichtweise erkennt beide Aspekte an:
Wörtlich/historisch: Eine wahre Liebesgeschichte zwischen Salomo und Sulamith. Das Buch beschreibt die Freuden der Liebe im Werben und in der Ehe in aller Schönheit und Reinheit in bildreicher orientalischer Sprache. Es lehrt uns, dass wir romantische Liebe und Freude an der geschlechtlichen Beziehung in der Ehe weder verachten, noch als ungeistlich ansehen sollen. Die Vereinigung der beiden Geschlechter war Gottes Idee, und er hat die eheliche Beziehung gesegnet (1 Mose 2:24). Das Hohelied korrigiert beide Fehlentwicklungen im Umgang mit Sexualität und Geschlechtlichkeit: falsche Askese und sündige Lust.
Bildlich/allegorisch: Wie auch an anderen Stellen in der Bibel (Hesekiel 16 & 23, Hosea 1-3, Epheser 5:25-32) ist die Ehebeziehung ein Bild für Gottes Liebe zu seinem Volk.

Überblick
1:1-3:5 Gegenseitige Zuneigung und Werben
3:6-5:1 Hochzeit
5:2-8:14 Szenen aus dem Eheleben

Schlüsselverse

2:7; 3:5 *Ich beschwöre euch, Töchter Jerusalems, bei den Gazellen oder bei den Hirschkühen des Feldes: Weckt nicht, stört nicht auf die Liebe, bevor es ihr selber gefällt!*

5:1b *Esst, Freunde, trinkt und berauscht euch an der Liebe!*

8:4 *Ich beschwöre euch, Töchter Jerusalems: Was wollt ihr wecken, was aufstören die Liebe, bevor es ihr selber gefällt!*

7:11 *Ich gehöre meinem Geliebten, und nach mir ist sein Verlangen.*

8:6-7 *Denn stark wie der Tod ist die Liebe, hart wie der Scheol die Leidenschaft. Ihre Gluten sind Feuergluten, eine Flamme Jahs. Mächtige Wasser sind nicht in der Lage, die Liebe auszulöschen, und Ströme schwemmen sie nicht fort.*

Schlüsselworte
Liebe, Geliebter, Freundin, Freund, Schwester, Braut

Zweck
Die Juden lasen dieses Buch alljährlich beim Passahfest. Sie sahen das Buch als Bild für die Bundesliebe zwischen Gott und seinem Volk (Jesaja 54:5-6). Christen erkennen das Buch als Bild für die Liebe Christi zu seiner Braut, der Gemeinde (Epheser 5:31-32). Es zeigt uns aber auch, dass Gott die romantische Liebe in der Ehe segnet (s. o.).

Christus im Hohelied
In Epheser 5:25-32 wird ein direkter Vergleich zwischen der Liebe eines Ehemannes für seine Frau mit der Liebe Christi zu seiner Gemeinde gezogen.
Niemand - auch nicht der/die verliebteste und leidenschaftlichste Ehemann/Ehefrau - kann seine Liebe übertreffen. Jede Form der menschlichen Liebe ist ein Schatten von Jesu Liebe für uns. Dieses größte Liebeslied, das je geschrieben wurde, ist erfüllt in der größten Liebe, die existiert: Gottes Liebe für dich.

Die Prophetenbücher

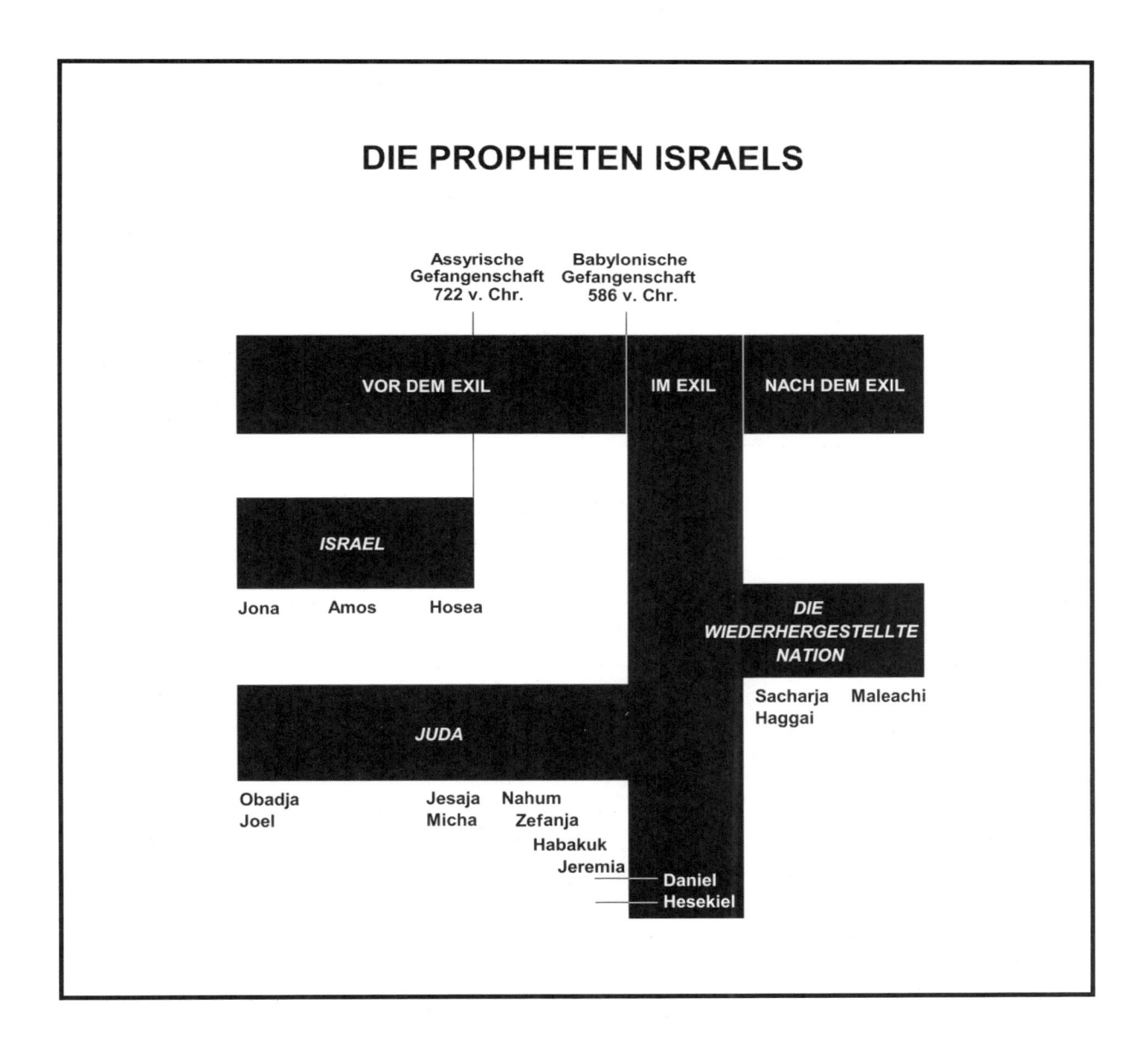

DIE PROPHETEN ISRAELS

Assyrische Gefangenschaft 722 v. Chr.
Babylonische Gefangenschaft 586 v. Chr.

VOR DEM EXIL | **IM EXIL** | **NACH DEM EXIL**

ISRAEL

Jona   Amos   Hosea

DIE WIEDERHERGESTELLTE NATION

Sacharja   Maleachi
Haggai

JUDA

Obadja   Jesaja   Nahum
Joel   Micha   Zefanja
                  Habakuk
                  Jeremia

Daniel
Hesekiel

DIE CHRONOLOGISCHE ANORDNUNG DER PROPHETENBÜCHER					
Prophet/Buch	Dienst	Schriftstellen	Könige	Propheten zur selben Zeit	Dominierende Weltmacht
Obadja	840-830	2 Könige 8-12	Joram, Ahasja, Atalja, Joasch (J)	Elia	Assur
Joel	830-820	2 Könige 12	Joasch (J)	Elisa	Assur
Jona	780-760	2 Könige 14	Jerobeam II (I)	Hosea, Amos?	Assur
Amos	755-750	2 Könige 14	Jerobeam II (I)	Hosea	Assur
Hosea	760-710	2 Könige 14-17	Jerobeam II, Secharja, Schallum, Menahem, Pakachja, Pekach, Hoschea (I)	Amos, Jesaja, Micha	Assur
Jesaja	740-690	2 Könige 15-21	Jotam, Ahas, Hiskia, Manasse (J)	Hosea, Amos, Micha	Assur
Micha	735-700	2 Könige 15-20	Jotam, Ahas, Hiskia (J)	Jesaja, Hosea	Assur
Nahum	650-620	2 Könige 21-23	Manasse, Amon, Josia (J)	Zefanja	Assur
Zefanja	630-620	2 Könige 22-23	Josia (J)	Nahum, Jeremia	Assur
Habakuk	620-605	2 Könige 22-24	Josia, Joahas, Jojakim (J)	Jeremia	Babel
Jeremia	625-585	2 Könige 22-25	Josia, Joahas, Jojakim, Jojachin(J), Nebukadnezar	Hesekiel Daniel, Habakuk	Assur, Babel
Klagelieder	585-580	2 Könige 25	Nebukadnezar		Babel
Hesekiel	593-570	2 Könige 24-25	Zedekia (J)	Daniel, Jeremia	Babel
Daniel	606-530	2 Könige 23-25, Esra 1-4	Jojakim (J), Nebukadnezar, Belschazar, Darius, Kyrus	Jeremia, Hesekiel, Habakuk	Babel, Medo-Persien
Haggai	520	Esra 5-6	Serubbabel, Darius I	Sacharja	Medo-Persien
Sacharja	520-480	Esra 5-6	Serubbabel, Darius I, Xerxes	Haggai	Medo-Persien
Maleachi	430-420	Nehemia 13	Artaxerxes I, Darius II		Medo-Persien

23 Jesaja

Autor
Jesaja, der Sohn des Amoz (1:1). Sein Name bedeutet „JHWH ist Heil". Er scheint aus einer vornehmen Familie gestammt zu haben. Er hatte Zugang zum Königshof und er war gebildet. Sein literarischer Stil ist exzellent. Laut jüdischer Tradition stammte Jesaja aus der königlichen Familie (Er war ein Neffe von König Usija.). Die jüdische Tradition berichtet darüber hinaus, dass er unter der Herrschaft des bösen Königs Manasse einen Märtyrertod starb (Er wurde entzweigesägt.).

Zeit
In den Tagen von Usija (= Asarja), Jotam, Ahas, Hiskia, den Königen von Juda. Jesaja diente in etwa von 740 bis 680 v. Chr. in Jerusalem. Der historische Hintergrund wird in 2 Könige 15-21 und 2 Chronik 26-32 beschrieben. Der geschichtliche Hintergrund für dieses Buch ist die Bedrohung durch die Assyrer, die damals zur Weltmacht aufstiegen. Während seines Dienstes wurde 722 das Nordreich Israel von Assur zerstört. Mit Juda ging es unter dem bösen König Ahas ebenfalls steil bergab. Die Krise Judas wurde durch die energische Reformation unter König Hiskia vorübergehend abgewendet. Später schloss Hiskia Bündnisse mit Ägypten und Babel, was zu erneuten Angriffen der Assyrer führte, die schließlich in der Belagerung Jerusalems ihren Höhepunkt fanden. Vertrauen auf den HERRN ist die beste Verteidigung. Weil Hiskia auf den HERRN vertraute, erschlug ein Engel des Herrn die gesamte Armee Assurs.

Inhalt
Jesajas Name beschreibt das Thema des Buches am besten: „Der HERR ist Heil". Errettung kommt nur vom HERRN – aus Gnade. Er ist unser Erlöser.
Das Buch Jesaja präsentiert uns Gott zuerst als heiligen Herrscher und Richter (der Thron Gottes; s. Kapitel 6) und dann als gnädigen Erlöser (Kapitel 53 – der leidende Gottesknecht).
Das Buch Jesaja wird wegen seines Aufbaus auch als „die Bibel im Kleinformat" bezeichnet. Es besteht aus 66 Kapiteln (die Bibel aus 66 Büchern). Die ersten 39 Kapitel betonen Gericht, Gesetz und das Verlangen nach Heil (Altes Testament), die letzten 27 Kapitel Hoffnung, Gnade, Wiederherstellung und das Angebot von Heil (Neues Testament). Es enthält eine ausführliche Theologie von Sünde, Buße, Erlösung und Gericht. Alle wichtigen prophetischen Themen der Bibel sind vertreten, u. a. die kommende Gefangenschaft des Volkes in Babylonien und seine Rückkehr, das erste und zweite Kommen Jesu Christi, das messianische Friedensreich, und der neue Himmel und die neue Erde.

Überblick
Kapitel 1-35: Prophetien des Gerichts – der Thron Gottes

Kapitel 36-39: Geschichte Hiskias – Übergang von der Dominanz Assurs zu der Dominanz Babels als Weltmacht

Kapitel 40-66: Prophetien der Hoffnung – das "Lamm" Gottes

Schlüsselkapitel
6   Der Thron Gottes
53 Das Lamm Gottes

Schlüsselphrasen
„der HERR, dein Erlöser, der Heilige Israels"; heil; „so spricht der HERR"

Zweck
Jesaja warnt Juda vor den Sünden, die Israel zu Fall brachten.
Das Buch Jesaja offenbart Gottes Herz. Durch Prophetie offenbart Gott seinen Plan als Trost für sein Volk. Er hat die Geschichte unter seiner Kontrolle. Er ist der souveräne Herrscher auf dem Thron. Er ist aber auch der Erlöser, der uns so sehr liebt, dass er in Jesus für uns gestorben ist. – Seine Herrschaft ist eine Herrschaft der Gnade. Um Anteil an seiner Gnade zu bekommen, müssen wir uns jedoch seiner Herrschaft unterwerfen.

Christus in Jesaja
In Jesaja finden wir die klarste Beschreibung des Christus im Alten Testament. Jesaja wird auch der „evangelische" bzw. der „messianische" Prophet genannt. Seine messianischen Prophetien sind zahlreicher und deutlicher als die jedes anderen alttestamentlichen Propheten. Er beschreibt die Person und das Werk Christi sowohl in seinem ersten als auch in seinem zweiten Kommen. Jesaja wird von allen Propheten des Alten Testaments am häufigsten im Neuen Testament zitiert.
Folgende sind einige der messianischen Prophezeiungen, die im Neuen Testament erfüllt wurden:
7:14 (Matthäus 1:22-23), 9:1-2 (Matthäus 4:12-16), 9:6 (Lukas 2:11), 11:1 (Lukas 3:23.32), 11:2 (Lukas 3:22), 28:16 (1 Petrus 2:6), 40:3-5 (Matthäus 3:3, Lukas 3:4-6), 42:1-4 (Matthäus 12:17-21), 42:6 (Lukas 2:29-32), 50:6 (Matthäus 26:67, 27:26.30), 52:13 (Philipper 2:7-11), 53:3 (Lukas 23:18, Johannes 1:11), 53:4 (Matthäus 8:17), 53:5 (Römer 5:6.8), 53:7 (Matthäus 27:12-14, Johannes 1:29), 53:9 (Matthäus 27:57-60), 61:1 (Lukas 4:18.19.21).

24

Jeremia

Autor
Jeremia, der Sohn des Hilkija, von den Priestern in Anatot im Land Benjamin (1:1, s. auch Daniel 9:2, bzw. Esra 1:1). Jeremia ist der weinende Prophet – ein Prophet mit gebrochenem Herzen. Er leidet mit seinem Volk, und er leidet mit Gott wegen den Sünden seines Volkes. Jeremia ist sensibel, leidenschaftlich, barmherzig, geduldig, ausdauernd und treu.

Zeit
~ 627–580 v. Chr., *In den Tagen Josias, Jojakims, Zedekias ...* (1:2-3).
Der historische Hintergrund wird in 2 Könige 22–25 und 2 Chronik 33–36 beschrieben.

Inhalt
Jeremia war der „Sterbebegleiter" des Südreiches Juda. Es war eine dunkle, jämmerliche Zeit. Der geistliche und moralische Zustand des Volkes war erbärmlich. Jeremia richtet letzte Warnungen an das Volk, zu Gott umzukehren, und so Gottes Gericht der Verbannung abzuwenden. Da Juda nicht Buße tat, waren die Zerstörung Jerusalems und die Babylonische Gefangenschaft unvermeidlich. 586 wurden Jerusalem und der Tempel nach eineinhalbjähriger Belagerung durch Nebukadnezar zerstört. Jeremia ermahnt Juda, sich Gottes Züchtigung durch die Babylonier zu unterwerfen, und dass Widerstand bzw. ein Versuch, die Hilfe anderer Nationen zu beanspruchen, zwecklos wäre. Seine Botschaft wurde nie angenommen. Er diente über 40 Jahre lang ohne Erfolg. Jeremia verkündigte das Wort des Herrn mit dem Herzen des Herrn. Er hatte das gebrochene Herz Gottes, der über seine ungehorsamen Kinder weint, die er züchtigen muss. Er weinte aber auch für sein Volk und litt mit seinem Volk. Er verkündigte jedoch auch die Hoffnung der Wiederherstellung und eines neuen Bundes der Gnade.

Das Buch ist nicht chronologisch angeordnet. Es enthält Predigten, Gebete, Gleichnisse, bildhaftes Handeln, einen Brief, Geschichte und das Leben des Propheten, das selbst prophetisch war.

Überblick
Kapitel 1: Berufung Jeremias

Kapitel 2-45: Prophetien über Juda: 2-20: allgemeine, undatierte Prophetien
21-39: spezifische, datierte Prophetien
40-45: Prophetien an den Überrest der Juden

Kapitel 46-51: Prophetien über heidnische Nationen

Kapitel 52: historischer Anhang

Schlüsselverse

1:1-3	Hintergrund
5:19	*Und es soll geschehen, wenn ihr sagt: Weshalb hat der HERR, unser Gott, uns dies alles getan? - dann sage zu ihnen: Genauso wie ihr mich verlassen und in eurem Land fremden Göttern gedient habt, so sollt ihr Fremden dienen in einem Land, das euch nicht gehört.*
18:4-6	*Und das Gefäß, das er aus dem Ton machte, missriet in der Hand des Töpfers. Und er machte wieder ein anderes Gefäß daraus, wie es in den Augen des Töpfers recht war zu tun. Und das Wort des Herrn geschah zu mir: Kann ich mit euch nicht ebenso verfahren wie dieser Töpfer, Haus Israel?, spricht der HERR. Siehe, wie der Ton in der Hand des Töpfers, so seid ihr in meiner Hand, Haus Israel.*
29:10-14	Wiederherstellung und Rückführung
31:31-34	der Neue Bund

Schlüsselworte

Abkehr, Götzendienst, Ungehorsam, „kehre zurück", zurückbringen, Bund

Zweck

Die Zerstörung Jerusalems und die 70-jährige Babylonische Gefangenschaft bewirkten etwas, das unmöglich schien: Juda wurde von seinem Götzendienst geheilt. Gott, der Vater, züchtigt, um zu heilen. Jeremia riet dem Volk, sich Gottes Züchtigung durch die Babylonier freiwillig zu unterwerfen, um das Schlimmste (die Zerstörung Jerusalems) abzuwenden. Sein Ruf verhallte ungehört.

Jeremias Dienst war ein letzter Aufruf zur Buße an das rebellische Volk in Juda, eine Ermutigung für die Juden, die sich schon in der Gefangenschaft in Babylonien befanden und eine Warnung an den Überrest nach dem schrecklichen Ereignis der Zerstörung und Verschleppung.

Christus in Jeremia

Jesus ist der *Spross*, der *König*, der *Hirte* und der *HERR, unsere Gerechtigkeit* in 23:1-6. Er ist der Mittler des Neuen Bundes der Gnade, der in 31:31-34 verheißen wird. In Jeremia sehen wir Jesu Herz. „Wir haben diese Prophetie sehr sorglos gelesen, wenn wir in ihr einfach nur die Leiden eines Mannes sahen. *O dass mein Haupt Wasser wäre und mein Auge eine Tränenquelle, dann wollte ich Tag und Nacht die Erschlagenen der Tochter meines Volkes beweinen!* (8:23) Können wir irgendetwas Dementsprechendes finden? Wir haben es bereits. Wir reisten durch die Jahrhunderte, bis wir auf den Hängen des Ölbergs standen mit einem Mann, der einsamer war als Jeremia. Und wir sahen, wie er auf Jerusalem schaut und hörten, wie er ihre Zerstörung ankündigt und dabei weint. Das ist die Erfüllung der Prophetie Jeremias. Die Interpretation von Jeremias Leiden muss im Leiden Jesu gefunden werden, und die Interpretation des Leidens Jesu muss im Leiden Gottes gefunden werden." (G. Campbell Morgan)

DER GESCHICHTLICHE HINTERGRUND JEREMIAS			
Könige	Geschichte	Propheten	Jeremia
Manasse 697-642	böse		Nahum	geboren
Amon 641-640	böse			
Josia 639-608	gut, Reformen	612 zerstören die Babylonier Ninive	Zefanja	begann seinen Dienst im 13. Jahr Josias
Joahas 608, 3 Monate	böse; nach Ägypten verschleppt			
Jojakim 608-597	böse, erbitterter Feind Jeremias	605: 1. Invasion der Babylonier in Juda; Babel besiegt Ägypten	Habakuk	verbrannte Jeremias Prophetie
Jojachin 597, 3 Monate	böse; nach Babylon verschleppt	597: 2. Invasion		
Zedekia 597-586	böse, schwach	586: Zerstörung Jerusalems	Daniel, Hesekiel in Babylonien	

25

Klagelieder

Autor
Jeremia, der Sohn des Hilkija, von den Priestern in Anatot im Land Benjamin. Jeremia ist der „weinende Prophet" – ein Prophet mit gebrochenem Herzen. Er leidet mit seinem Volk, und er leidet mit Gott wegen den Sünden seines Volkes. In der griechischen Septuaginta und der lateinischen Vulgata wird folgende Einleitung vorangestellt: *„Und es geschah, nachdem Israel gefangen geführt und Jerusalem verwüstet war, setzte sich Jeremia weinend nieder und klagte dieses Klagelied über Jerusalem und sprach ..."*

Zeit
586 v. Chr., nach dem Fall Jerusalems. Die Tradition überliefert, dass Jeremia in einer Höhle auf einem Hügel außerhalb Jerusalems (Golgatha) saß und den Fall Jerusalems beweinte.

Inhalt
Eine Totenklage über das zerstörte Jerusalem. Sie besteht aus 5 Klageliedern. Das Versmaß der Klagelieder ist typisch für eine Totenklage. Die ersten 4 Lieder sind akrostichisch aufgebaut. Der Prophet weint von „A bis Z". Jeder Vers der Lieder 1, 2 und 4 beginnt mit einem der 22 Buchstaben des hebräischen Alphabets in alphabetischer Reihenfolge. Lied 3 hat 66 Verse und je 3 Verse beginnen mit einem Buchstaben, ebenfalls in alphabetischer Reihenfolge. Lied 5 besteht aus 22 Versen, jedoch nicht in alphabetischer Reihenfolge. Es ist ein persönliches Gebet. Dieses Buch wird bis heute im Synagogengottesdienst am Jahrestag der Zerstörung des Tempels vorgelesen.

Überblick
Kapitel 1: 1. Lied: Die Klage Jerusalems – Not und Ursache der Zerstörung
Kapitel 2: 2. Lied: Beschreibung von Gottes Gericht
Kapitel 3: 3. Lied: Der Prophet und Gott – Trauer und Hoffnung in Gott
Kapitel 4: 4. Lied: Das Volk Gottes – sein Leid und seine Schuld
Kapitel 5: 5. Lied: Jeremias Gebet – Sündenbekenntnis und Bitte um Gnade

Schlüsselverse
2:17-18 *Getan hat der HERR, was er sich vorgenommen hatte, er hat sein Wort zur Vollendung gebracht, das er von den Tagen der Vorzeit her entboten hatte. Er hat ohne Mitleid niedergerissen und hat den Feind über dich fröhlich sein lassen, er hat das Horn deiner Gegner erhöht. Schrei laut um Hilfe zum Herrn, stöhne du Tochter Zion! Lass wie einen Bach die Tränen rinnen Tag und Nacht!*

3:21-33 Hoffnung in Gott: *Ja, die Gnadenerweise des HERRN sind nicht zu Ende, ja, sein Erbarmen hört nicht auf, es ist jeden Morgen neu. Groß ist deine Treue. ...*

Schlüsselworte
wehe, „er hat", weint, Tränen, gesündigt, umkehren

Zweck
Ausdruck der Trauer Judas über die Zerstörung seiner „ewigen" Hauptstadt Jerusalem und seines heiligen Tempels. Wir sehen Gottes Herz in seinem Propheten: Gott leidet mit denen, die er züchtigt. Wir sehen Gottes Charakter in diesem Buch: seine unveränderliche Liebe, Treue und Barmherzigkeit für sein Volk, auch im Gericht. Das Buch soll die Juden im Exil an den Grund ihrer Züchtigung erinnern und ihnen Gottes Herz zeigen. Es soll ihnen auch Hoffnung auf eine Wiederherstellung durch Gottes Treue geben. Sie sollen die Gerechtigkeit Gottes im Umgang mit ihnen erkennen und sich mit einem bußfertigen Herzen wieder seiner Barmherzigkeit anvertrauen. Haben wir Gottes Herz für die Verlorenen, wie Jeremia für sein rebellisches Volk?

Christus in Klagelieder
Wie Jeremia um Jerusalem trauerte, so trauert Gott in Christus über unseren gefallenen Zustand. Unser Retter litt für uns und leidet mit uns. Er war *ein Mann der Schmerzen, mit Leiden vertraut* (Jesaja 53:3). Wie Jeremia klagte auch Jesus über Jerusalem: *Jerusalem, Jerusalem, die da tötet die Propheten und steinigt, die zu ihr gesandt sind! Wie oft habe ich deine Kinder versammeln wollen, wie eine Henne ihre Küken versammelt unter ihre Flügel, und ihr habt nicht gewollt! Siehe, euer Haus wird euch öde gelassen ...* (Matthäus 23:37-38; s. auch Lukas 19:41-44).
Denn wir haben nicht einen Hohenpriester, der nicht Mitleid haben könnte mit unseren Schwachheiten, sondern der in allem in gleicher Weise wie wir versucht worden ist, doch ohne Sünde. Lasst uns nun mit Freimütigkeit hinzutreten zum Thron der Gnade, damit wir Barmherzigkeit empfangen und Gnade finden zur rechtzeitigen Hilfe! (Hebräer 4:15-16)

26

Hesekiel

Autor
Der Priester Hesekiel (1:3). Der Name „Hesekiel" bedeutet „Gott macht stark/fest".

Zeit
592-570 v. Chr. Hesekiel wird mit der zweiten Gruppe der jüdischen Oberschicht gemeinsam mit dem König Jojachin und weiteren 10.000 von Jerusalem nach Babylonien verschleppt. Er dient einer Gruppe von Verschleppten am Fluss Kebar zur selben Zeit, als Daniel am Königshof in Babylon und Jeremia in Jerusalem dienten. Sein Dienst beginnt 5 Jahre nach seiner Verschleppung 597 und dauert bis nach der Zerstörung Jerusalems. Die letzte Datierung im Buch Hesekiel finden wir in 29:17 – „im 27. Jahr" (nachdem die Gefangenschaft begann). Für den historischen Hintergrund siehe 2 Könige 24:10-18.

Inhalt
Ihr werdet erkennen, dass ich der HERR bin (etwa 65-mal in Hesekiel).
Israel soll erkennen, dass JHWH der einzig wahre Gott ist und der souveräne Herrscher über alle Nationen und die Geschichte: durch das vorhergesagte Gericht und die Gefangenschaft Judas, durch Gottes Gericht über heidnische Nationen, das sich in der Geschichte exakt erfüllt hat und durch Gottes Bewahrung und Wiederherstellung Israels. Die Nachricht von der Zerstörung Jerusalems in 33:21-22 ist ein Wendepunkt im prophetischen Dienst Hesekiels. Davor prophezeit er vor allem Gericht, danach die zukünftige Wiederherstellung.
Hesekiel ist der „mystische Prophet". Gott spricht durch ihn vor allem durch Visionen, Gleichnisse und symbolische Handlungen. Er ist derjenige Prophet, der am klarsten die Herrlichkeit Gottes sah. Er sah ein Abbild von Gottes Wesen. Dieses Erlebnis bestimmte sein Leben. Er war trotz aller widrigen Umstände ein Prophet voller Hoffnung und Vision. Als Priester betont er den Tempel, den Gottesdienst und die Priesterschaft.

Überblick
Kapitel 1-3:   Hesekiels Berufung
Kapitel 4-24:   Gericht über Jerusalem
Kapitel 25-32:   Gericht über die Nationen
Kapitel 33-48:   Israels zukünftige Wiederherstellung

Schlüsselverse

1:1	*Und es geschah im dreißigsten Jahr, im vierten Monat, am Fünften des Monats; als ich mitten unter den Weggeführten am Fluss Kebar war, da öffneten sich die Himmel, und ich sah Gesichte Gottes.*
1:28	*... Das war das Aussehen des Abbildes der Herrlichkeit des HERRN. – Und als ich es sah, fiel ich auf mein Gesicht nieder; und ich hörte die Stimme eines Redenden.*
10:18-19	*Und die Herrlichkeit des HERRN verließ die Schwelle des Hauses ...*
15:7-8	*Und ihr werdet erkennen, dass ich der HERR bin, wenn ich mein Angesicht gegen sie richte. Und ich werde das Land zur Einöde machen, weil sie Untreue begangen haben, spricht der Herr, HERR.*
16:63	*Und ich selbst werde meinen Bund mit dir aufrichten, und du wirst erkennen, dass ich der HERR bin: damit du daran denkst und dich schämst und den Mund nicht mehr öffnest wegen deiner Schmach, wenn ich dir alles vergebe, was du getan hast, spricht der Herr, HERR.*
36:26	*Und ich werde euch ein neues Herz geben und einen neuen Geist in euer Inneres geben; und ich werde das steinerne Herz aus eurem Fleisch wegnehmen und euch ein fleischernes Herz geben.*
37:11-14	*Und er sprach zu mir: Menschensohn, diese Gebeine, sie sind das ganze Haus Israel. Siehe, sie sagen: Unsere Gebeine sind vertrocknet, und unsere Hoffnung ist verloren; es ist aus mit uns. Darum weissage und sprich zu ihnen: So spricht der Herr, HERR: Siehe, ich öffne eure Gräber und lasse euch aus euren Gräbern heraufkommen als mein Volk und bringe euch ins Land Israel. Und ihr werdet erkennen, dass ich der HERR bin, wenn ich eure Gräber öffne und euch aus euren Gräbern heraufkommen lasse als mein Volk. Und ich gebe meinen Geist in euch, dass ihr lebt, und werde euch in euer Land setzen. Und ihr werdet erkennen, dass ich, der HERR, geredet und es getan habe, spricht der HERR.*
43:5	*Und der Geist hob mich empor und brachte mich in den inneren Vorhof; und siehe, die Herrlichkeit des HERRN erfüllte das Haus.*
48:35	*... Und der Name der Stadt heißt von nun an: Hier ist der HERR.*

Schlüsselphrasen

„Ihr werdet erkennen, dass ich der HERR bin"; „Herrlichkeit des HERRN"; Menschensohn

Zweck

Hesekiel hatte drei Aufgaben:
1.) Die Verschleppten in Babylonien von ihrer falschen Hoffnung einer baldigen Rückkehr nach Jerusalem abzubringen.
2.) Den Verschleppten die Ursache ihrer Gefangenschaft verstehen zu lassen, und sie zur Abkehr von den Götzen Babels zu bewegen und zur Umkehr zum wahren Gott, der über Himmel und Erde herrscht.
3.) Ihnen die zukünftige Herrlichkeit des wiedervereinigten Volkes Israel in einer ganz neuen Beziehung zu Gott zu verkündigen, und ihnen so Hoffnung und Motivation zu geben.

Auch wir brauchen eine Vision von Gott und seinem Reich. Das wird uns eine größere Abscheu gegen Sünde geben, eine absolute Zuversicht in seinen Sieg und Hoffnung und Sicherheit in ihm.

Wenn wir Jesus sehen, sehen wir Gottes Wesen und Herrlichkeit. *Das Wort wurde Fleisch und wohnte unter uns, und wir haben seine Herrlichkeit angeschaut ...* (Johannes 1:14).

Christus in Hesekiel
In 17:22-24 ist der Messias der Trieb, der zu einer herrlichen Zeder wächst.
In 21:26-27 ist der Messias der König, der das Recht hat zu regieren.
In 34:11-31 ist der Messias der wahre Hirte, der seine Schafe befreien und ernähren wird.

27

Daniel

Autor
Der Name „Daniel" bedeutet „Gott ist mein Richter".
Daniel stammte aus einer edlen jüdischen Familie (1:3) und wurde bei der ersten Wegführung von Juden unter König Jojakim nach Babylon verschleppt (605 v.Chr.). Er wurde dort zu einem hohen Regierungsbeamten im Babylonischen und im Medo-Persischen Reich.

Zeit
605-536 v.Chr. Daniel durchlebte die 70-jährige Babylonische Gefangenschaft und erlebte den Aufstieg und den Fall des Babylonischen Reiches. Fast siebzig Jahre lang diente Daniel unter babylonischen und persischen Königen.

Inhalt
Daniel gibt einen prophetischen Überblick über die Geschichte der Juden und der Nationen von der Zeit Daniels bis zum Kommen des Christus. Gott ist der souveräne Herr über die Geschichte. Er wird sein Reich aufrichten. *Er ist Gott der Götter und Herr der Könige* (2:47). Der Prophet Daniel selbst ist uns ein Vorbild in seinem gottesfürchtigen Charakter. Sein Leben ist gekennzeichnet von kompromissloser Hingabe an Gott, Gebet, Heiligkeit und tiefer Einsicht in Gottes Wirken.

Überblick
Kapitel 1-6:   Daniels Geschichte (in Aramäisch [außer der Einleitung in Kapitel 1])
Kapitel 7-12: Daniels Visionen (in Hebräisch)

Schlüsselverse

1:8 *Aber Daniel nahm sich in seinem Herzen vor, sich nicht mit der Tafelkost des Königs und mit dem Wein, den er trank, unrein zu machen.*

2:20-22 *Daniel fing an und sprach: Gepriesen sei der Name Gottes von Ewigkeit zu Ewigkeit! Denn Weisheit und Macht, sie sind sein. Er ändert Zeiten und Fristen, er setzt Könige ab und setzt Könige ein; er gibt den Weisen Weisheit und Erkenntnis den Einsichtigen; er offenbart das Tiefe und das Verborgene; er weiß, was in der Finsternis ist, und bei ihm wohnt das Licht.*

2:44 *Und in den Tagen dieser Könige wird der Gott des Himmels ein Königreich aufrichten, das ewig nicht zerstört werden wird. Und das Königreich wird keinem anderen Volk überlassen werden; es selbst wird all jene Königreiche zermalmen und vernichten, selbst aber wird es ewig bestehen.*

6:6 *Da sagten die Männer: Wir werden bei diesem Daniel keinen Anklagegrund finden, es sei denn, dass wir im Gesetz seines Gottes etwas gegen ihn finden.*

9:24-27 *Siebzig Wochen sind über dein Volk und über deine heilige Stadt bestimmt, um das Verbrechen zum Abschluss zu bringen und den Sünden ein Ende zu machen und die Schuld zu sühnen und eine ewige Gerechtigkeit einzuführen und Gesicht und Propheten zu versiegeln und ein Allerheiligstes zu salben. ...*

11:11 *... und dreimal am Tag kniete er auf seine Knie nieder, betete und pries vor seinem Gott, wie er es auch vorher getan hatte.*

Schlüsselworte
Gesichte, Träume, Deutung

Zweck
1.) Ermutigung der Juden im Exil durch:
   1.) Daniels Vorbild in seiner Treue und Anbetung Gottes,
   2.) die vielen Wunder, die zeigen, dass Gott souverän regiert,
   3.) die Prophezeiungen, die zeigen, dass die Zeiten der Nationen nur vorübergehend sein werden, und dass Gott ein messianisches Königreich aufrichten wird.

Die Prophezeiung über das genaue Datum des Kommens des Messias (Kapitel 9) ist einer der stärksten Beweise im Alten Testament, dass Jesus der Messias ist.

2.) Bericht von Daniels Dienst an den heidnischen Königen und seiner Vorschau der Geschichte der antiken Weltreiche. Als Berater der Könige hatte Daniel ohne Zweifel einen positiven Einfluss zugunsten der Juden.

Christus in Daniel
1.) Jesus ist der Stein, der das Standbild zermalmte (2:34.35.45).
2.) Jesus ist der vierte Mann im Feuer (3:25).
3.) Jesus wird mit den Wolken des Himmels kommen „wie der Sohn eines Menschen" (7:13).
4.) Jesus ist der Gesalbte, der den Sünden ein Ende machte und der ausgerottet wurde (9:24-26).

DIE TRÄUME UND VISIONEN IN DEN KAPITELN 2, 7 UND 8 UND IHRE INTERPRETATION

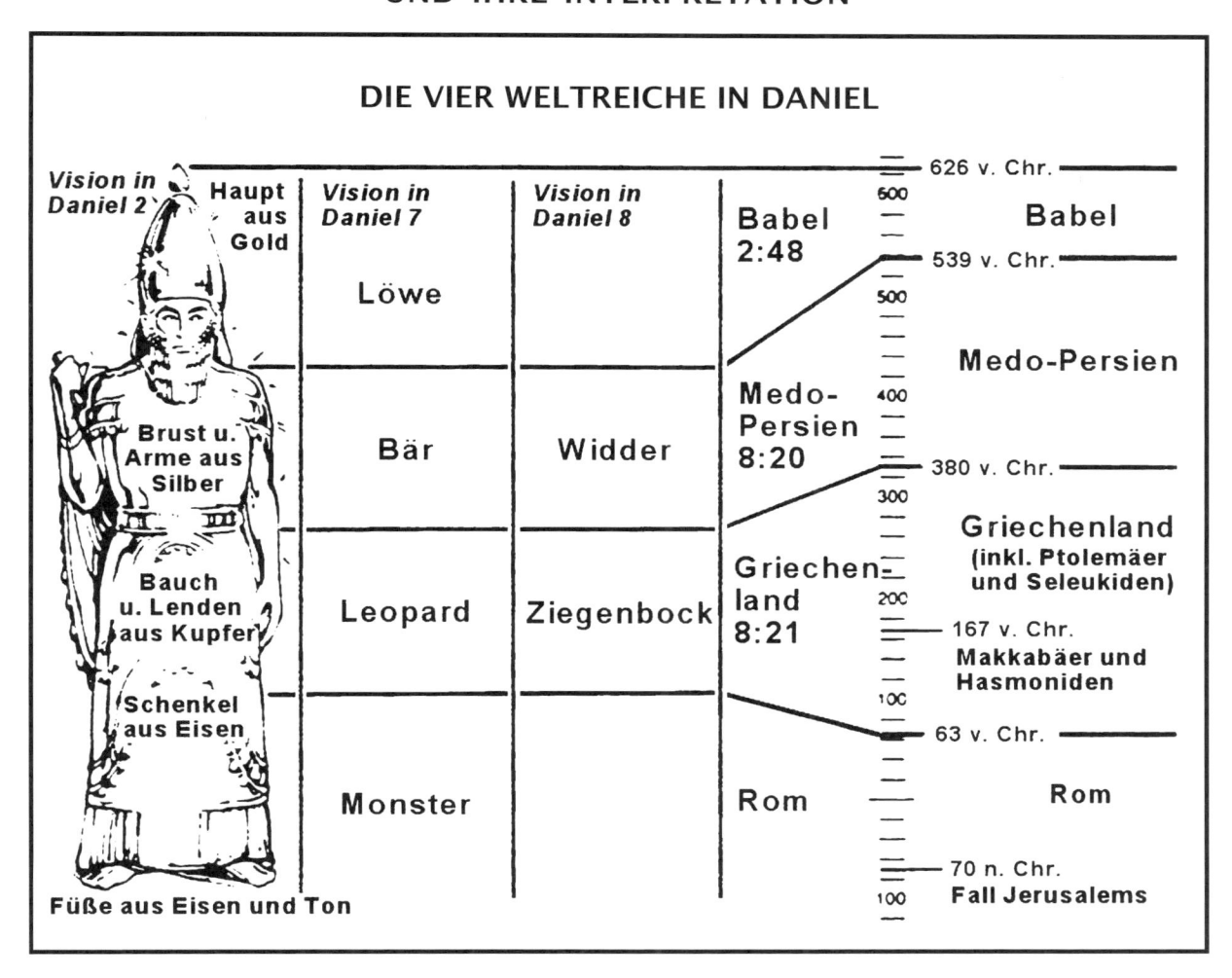

DIE VIER WELTREICHE IN DANIEL

Vision in Daniel 2	Vision in Daniel 7	Vision in Daniel 8		
Haupt aus Gold	Löwe		Babel 2:48	626 v. Chr. — Babel — 539 v. Chr.
Brust u. Arme aus Silber	Bär	Widder	Medo-Persien 8:20	Medo-Persien — 380 v. Chr.
Bauch u. Lenden aus Kupfer	Leopard	Ziegenbock	Griechenland 8:21	Griechenland (inkl. Ptolemäer und Seleukiden) — 167 v. Chr. Makkabäer und Hasmoniden — 63 v. Chr.
Schenkel aus Eisen / Füße aus Eisen und Ton	Monster		Rom	Rom — 70 n. Chr. Fall Jerusalems

DIE TRÄUME UND VISIONEN IN DEN KAPITELN 2, 7 UND 8

Bild - Kapitel 2	4 Tiere - Kapitel 7	2 Tiere - Kapitel 8	Königreiche
Haupt aus Gold	Löwe mit Flügeln		Babylon 612–539 v. Chr.
Brust und Arme aus Silber	Bär auf einer Seite	Widder mit zwei Hörnern	Medo-Persien 539–331 v. Chr.
Bauch und Lenden aus Kupfer	Panther mit vier Flügeln und vier Köpfen	Ziegenbock mit einem ansehnlichen Horn, vier Hörnern und einem kleinen Horn	Griechenland 331–63 v. Chr.
Schenkel aus Eisen und Füße aus Eisen und Ton	Unbeschreibliches Tier mit zehn Hörnern und einem kleinen Horn		Römisches Reich 63 v. Chr.–476 n. Chr.
Stein, der zu einem großen Berg wird	Dem Messias und seinem Volk wird ein Königreich gegeben		Reich Gottes

28

Hosea

Autor
Hosea, der Sohn des Beeri. Wir wissen wenig über seinen Hintergrund. Der Name „Hosea" („Hoschea" auf hebräisch) bedeutet „Heil" oder „Rettung". Hosea war der letzte Prophet, der das Wort Gottes im Nordreich Israel verkündigte. Der letzte König von Israel, Hoschea (2 Könige 17), hatte denselben Namen. Die Namen Josua und Jesus sind von demselben hebräischen Wort abgeleitet und bedeuten „JHWH ist Rettung".

Zeit
~ 760–710 v.Chr. Hosea diente mindestens in den letzten 40 Jahren des Nordreiches Israel (zerstört von den Assyrern 722), während der Herrschaft der Könige Usija, Jotam, Ahas und Hiskia im Südreich Juda und der Herrschaft Jerobeams in Israel (s. 1:1).

Inhalt
Die treue Liebe Gottes für sein untreues Volk Israel, bildlich vorgelebt in der treuen Liebe Hoseas für seine untreue Frau Gomer. Hoseas Leben ist selbst eine Prophetie. Es ist die Geschichte einer einseitigen, bedingungslosen, treuen Liebe.

Die Kapitel 1–3 beschreiben die zerbrochene Ehe Hoseas, den Ehebruch seiner Frau Gomer, Hurerei und Sklaverei. Wir sehen aber auch die treue Liebe Hoseas, der seine untreue, ehebrecherische Frau aus der Sklaverei erlöst, um sie wieder als seine Ehefrau anzunehmen.
In den Kapiteln 4–14 sehen wir eine ähnliche Abfolge von Sünde, Gericht und wiederherstellender Liebe, diesmal aber in der Beziehung zwischen Gott und der untreuen Nation Israel. Hosea kündigt Gericht an, warnt und ruft zur Umkehr auf.

Wie Jeremia, der das Südreich Juda in seinen letzten Tagen begleitete, prophezeite Hosea mit vielen Emotionen und einem gebrochenen Herzen. – Er hatte Gottes Herz, das Herz eines betrogenen Ehemannes. Hosea trat durch seine eigene Erfahrung ein in die Gemeinschaft mit dem Leid Gottes und kam so zu einem Verständnis von dem wahren Wesen und der tiefsten Ursache von Sünde (geistlicher Ehebruch) und von Gottes großer Liebe für sein Volk.

Überblick
Kapitel 1–3:   Die untreue Ehefrau und ihr treuer Ehemann – Hoseas Vorbereitung
Kapitel 4–14: Das untreue Volk Israel und sein treuer HERR – Hoseas Botschaft

Schlüsselverse

3:1 *Und der HERR sprach zu mir: Geh noch einmal, liebe eine Frau, die sich von einem anderen lieben lässt und Ehebruch treibt, wie der HERR die Söhne Israels liebt, die sich aber anderen Göttern zuwenden und Traubenkuchen lieben.*

4:6 *Mein Volk kommt um aus Mangel an Erkenntnis. Weil du die Erkenntnis verworfen hast, so verwerfe ich dich, dass du mir nicht mehr als Priester dienst. Du hast das Gesetz deines Gottes vergessen, so vergesse auch ich deine Kinder.*

11:8 *Wie sollte ich dich preisgeben, Ephraim, wie sollte ich dich ausliefern, Israel? Wie könnte ich dich preisgeben wie Adma, dich Zebojim gleichmachen? Mein Herz kehrt sich in mir um, ganz und gar erregt ist all mein Mitleid.*

14:2-5 *Kehr um, Israel, bis zum HERRN, deinem Gott! Denn du bist gestürzt durch deine Schuld ... Assur soll uns nicht retten, auf Pferden wollen wir nicht reiten und zum Machwerk unserer Hände nicht mehr sagen: Unser Gott! Denn bei dir findet die Waise Erbarmen. Ich will ihre Abtrünnigkeit heilen, will sie aus freiem Antrieb lieben.*

Schlüsselworte
Liebe, Abtrünnigkeit, huren, erkenne, Erkenntnis, „kehr um"

Zweck
Durch Hosea gibt Gott Israel seine letzten Warnungen. Er warnt vor der kommenden Katastrophe und mahnt zur Umkehr. Seine Liebe soll sein untreues Volk zur Umkehr treiben. Sie sollen verstehen, wie verletzend ihr Götzendienst für den liebenden, treuen Gott ist.

In Hosea gibt uns Gott ein klares Bild von seiner bedingungslosen leidenschaftlichen Liebe. Unsere Beziehung mit Gott wird mit einer Ehe verglichen (s. auch Epheser 5:32). Wir können als die Braut Christi in unserem Leben „eheliche" Kinder (Früchte) von Gott oder „uneheliche" von Satan und unserem Fleisch hervorbringen, je nachdem, wem wir uns hingeben (s. Römer 6:13). Wir sehen sehr deutlich, wie unsere Sünde Gott verletzt und betrübt, dass Sünde Gericht und Zerstörung nach sich zieht, aber auch, dass Gottes Liebe letztendlich siegt. *Wenn wir untreu sind - er bleibt treu, denn er kann sich selbst nicht verleugnen* (2 Timotheus 2:13).

Christus in Hosea
In Matthäus 2:15 wird Hosea 11:1 als messianische Prophetie zitiert: *Aus Ägypten habe ich meinen Sohn gerufen.*
Die Geschichte der Ehe zwischen Hosea und Gomer gibt uns ein Bild von der Beziehung zwischen Jesus Christus und seiner Gemeinde (Epheser 5:32).
Der Rückkauf Gomers aus der Sklaverei durch Hosea illustriert das Erlösungswerk Jesu.

29

Joel

Autor
Joel, der Sohn des Petuel (1:1). Der Name „Jo'el" bedeutet „JHWH ist Gott". Sein Name passt zu seiner Botschaft: *Und ihr werdet erkennen, dass ich in Israels Mitte bin und dass ich, der HERR, euer Gott bin und keiner sonst* (2:27; s. auch 4:17). Darüber hinaus ist nichts über Joel bekannt.

Zeit
Zeitangaben fehlen. Das wahrscheinlichste Datum ist um 830 v. Chr., während der Regierungszeit des Königs Joasch von Juda. Wahrscheinlich war Joel ein Zeitgenosse Elisas, der in Israel wirkte. Damit wäre Joel einer der ersten schreibenden Propheten.

Inhalt
Das Thema Joels ist *der Tag des HERRN*. Die Phrase *„der Tag des HERRN"* scheint Zeiten zu beschreiben, in denen der HERR auf besondere Weise in die Geschicke der Menschen eingreift (meist verbunden mit Gericht). Der ultimative *Tag des HERRN* wird die Wiederkunft Jesu Christi und das letzte Gericht umfassen. Joel prophezeite kurz nach der Verwüstung des Landes Juda durch eine furchtbare Heuschreckenplage. Er interpretiert sie als Gericht Gottes und deutet dieses Ereignis als einen „Vorgeschmack" auf künftige, noch schlimmere Gerichte, falls Gottes Volk nicht zu ihm umkehrt. Joel nutzt diesen Anlass, um das Volk zur Buße aufzurufen. Wenn das Volk umkehrt, wird Gott sich das Unheil gereuen lassen (s. 2:13). Gott bietet seinem Volk um „5 vor 12" noch einmal Gnade und Barmherzigkeit an. Joel sieht den *Tag des HERRN* in verschiedenen Zeitperioden:
1.) in der Zeit, in der er prophezeite (Kapitel 1),
2.) in der nahen Zukunft (Kapitel 2),
3.) in den letzten Tagen (Kapitel 4).
Außerdem sieht Joel im Kapitel 3 die Ausgießung des Heiligen Geistes voraus (s. Apostelgeschichte 2).

Überblick
Kapitel 1-2: Gegenwart - Gottes Handeln (*der Tag des HERRN*) zur Zeit Joels
Kapitel 3-4: Zukunft - Gottes Handeln (*der Tag des HERRN*) in den letzten Tagen

Schlüsselverse
2:13 *Zerreißt euer Herz und nicht eure Kleider und kehrt um zum HERRN, eurem Gott! Denn er ist gnädig und barmherzig, langsam zum Zorn und groß an Gnade, und lässt sich das Unheil gereuen.*

2:25 *Und ich werde euch die Jahre erstatten, die die Heuschrecke, der Abfresser und der Vertilger und der Nager gefressen haben, mein großes Heer, das ich gegen euch gesandt habe.*

3:1-5 Die Ausgießung des Geistes und der *Tag des HERRN in den letzten Tagen.*

Schlüsselphrase
der Tag des HERRN

Zweck
Gott will durch seine Gerichte sein Volk dazu bewegen, dass sie ihn wieder suchen und zu ihm umkehren. Das ist manchmal auch der Grund dafür, warum Gott schwere Zeiten („Heuschrecken") in unserem Leben zulässt. Er wird Sünde richten, aber er ist ein Gott der Gnade und will viel lieber, dass die Menschen umkehren, damit er sie segnen kann. Wiederherstellung ist sein Ziel.

Christus in Joel
Jesus ist der Name, den man anrufen muss, um errettet zu werden (3:5; s. Apostelgeschichte 4:12). Jesus wird die Nationen richten und inmitten seines Volkes wohnen (4:17, 21; s. 2 Korinther 6:16).

Augenzeugenberichte über Heuschreckenplagen

„Die jungen Heuschrecken erreichen sehr schnell die Größe der gewöhnlichen Grashüpfer. Sie bewegen sich alle in die gleiche Richtung, erst kriechend und dann hüpfend, verschlingen sie alles Grüne, das sie auf ihrem Weg finden. Sie kommen langsamer voran als ein verschlingendes Feuer, aber die Schäden, die sie anrichten, sind kaum geringer oder weniger zu fürchten. Ganze Weizen- und Gerstenfelder, Weingärten und Olivenhaine sind innerhalb weniger Stunden ohne ein einziges Blatt, oft sind sogar die Stämme zerstört. Der Boden, über den die zerstörenden Horden gezogen sind, wirkt steril und öde. Die Römer hatten recht mit der Bezeichnung «die Verbrenner des Landes» ... Wenn sie weiterziehen, bedecken sie den Boden so vollständig, als wollten sie jegliche Sicht darauf verhindern und in solchen Mengen, dass es oft drei oder vier Tage dauert, bis sie vorübergezogen sind. Wenn man ihn aus der Entfernung sieht, erscheint der Schwarm näherkommender Heuschrecken wie eine Wolke Staub oder Sand, die eine Höhe von einigen Metern über dem Boden erreicht, wenn die Myriaden von Insekten heranhüpfen. Das Einzige, was vorübergehend ihren Vormarsch aufhält, ist ein plötzlicher Wetterumschwung. Die Kälte lähmt sie nämlich. Auch nachts bleiben sie ruhig und schwärmen wie Bienen auf Sträuchern und Hecken, bis die aufgehende Sonne sie aufwärmt und erweckt, sodass sie ihren zerstörerischen Massenmarsch fortsetzen können. Sie haben weder König noch Führer, aber sie zögern nie, sondern sie ziehen immer weiter, als wären sie getrieben. Wenn ihnen ein Hindernis begegnet, weichen sie weder nach links noch nach rechts. Steht ihnen ein Haus oder eine Mauer im Weg, erklimmen sie es und überqueren das Dach. Bei offenen Türen und Fenstern laufen sie blind ins Haus. Wenn sie zum Wasser kommen, egal ob es sich um eine kleine Pfütze, einen Fluss, einen See oder das Meer handelt, versuchen sie nie, das Wasser zu umgehen. Vielmehr springen sie unverzüglich hinein und ertrinken, wonach ihre Leichen eine Brücke für ihre Genossen bilden. Auf diese Art und Weise nimmt manch eine Plage ein Ende, obwohl häufig mit der Folge, dass die Verwesung von Millionen von Insekten zum Ausbruch von Seuchen mit vielen Toten führt. Der Geruch ist schrecklich. Oft zog die plötzliche Verdunkelung der Sonne im Sommer, begleitet von dem den Heuschrecken eigenen Fluggeräusch, unsere Aufmerksamkeit auf sich."*

„Ihre Anzahl war kaum zu glauben. Die ganze Seite des Berges wurde schwarz. Sie kamen wie eine lebendige Flut. Wir hoben Gräben aus und machten Feuer; wir vernichteten viele der Tiere, aber unsere Mühe war umsonst. Die Situation schien hoffnungslos. Eine Welle nach der anderen wälzte sich den Berg hoch, ... vier Tage lang ... Es war furchtbar anzusehen. Sie fraßen alles Grüne auf."**

Ein Heuschreckenschwarm besteht aus 40 - 80 Millionen Insekten.
(http://www.scienceimage.csiro.au/image/7007/plague-locusts-on-the-move/, CC BY 3.0.)

---

*Van-Lennep, zitiert in Baxter, Buch 3, S. 117–118. Übersetzung: meine.
**Thomson, zitiert in Baxter, Buch 3, S. 119. Übersetzung: meine.

30

Amos

Autor
Amos. Der Name „Amos" bedeutet „Lastträger". Er trug die Last, Gottes Gericht über Israel verkündigen zu müssen. Er stammte aus Tekoa bei Bethlehem in der Wüste Juda und war Schafzüchter und Obstbauer von Beruf (1:1, 7:14), bis Gott ihn in den prophetischen Dienst nach Bethel, dem religiösem Zentrum des Nordreiches Israel, rief.

Zeit
Amos prophezeite *in den Tagen des Usija, des Königs von Juda und in den Tagen Jerobeams, des Sohnes des Joas, des Königs von Israel, zwei Jahre vor dem Erdbeben* (1:1), um 760 v. Chr. Es war im Nordreich Israel eine Zeit des militärischen Erfolges, des wirtschaftlichen Wachstums und der Unabhängigkeit, welche aber auch von moralischem Verfall und geistlicher Armut geprägt war (s. auch 2 Könige 14:23-29).

Inhalt
Amos sieht Gott als den Herrscher und Richter über die Nationen. Vor allem aber kündigt der Prophet Gottes Gericht über Israel an. Der Tag der Abrechnung naht. Je größer die Offenbarung und die Privilegien von Gott sind, desto größer ist auch die Verantwortung vor Gott. Gottes Gericht über Israel ist ein Gericht für ihren Missbrauch von Segnungen und Privilegien. Die Sünden der Nation werden aufgezeigt im Kontrast zu der Heiligkeit und Gerechtigkeit Gottes. Gott ist geduldig und gnädig, er setzt aber auch Grenzen. Die Sünden Israels sind fast grenzenlos. Amos predigt gegen soziale Ungerechtigkeit und die Unterdrückung der Armen durch die Oberschicht, aber auch gegen Götzendienst, leere und heuchlerische Religiosität, Gleichgültigkeit, Überheblichkeit, Unmoral und Materialismus.

Überblick
Kapitel 1-2	8 Prophezeiungen – Gott herrscht über alle Nationen
Kapitel 3-6	3 Predigten – Ursache (Sünde) und Wirkung (Gericht) – *„darum ..."*
7:1-9:10	5 Visionen – Vollstreckung des Gerichts
9:11-15	Verheißung der Wiederherstellung Israels

Schlüsselverse
1:1 *Worte Amos – der unter den Schaftzüchtern von Tekoa war –, die er über Israel geschaut hat in den Tagen des Usija, des Königs von Juda, und in den Tagen Jerobeams, des Sohnes des Joas, des Königs von Israel, zwei Jahre vor dem Erdbeben.*

3:2 *Nur euch habe ich von allen Geschlechtern der Erde erkannt; darum werde ich an euch alle eure Sünden heimsuchen.*

5:4 *Denn so spricht der HERR zum Haus Israel: Sucht mich und lebt!*

Schlüsselphrasen
„so spricht der HERR", „und doch seid ihr nicht zu mir umgekehrt", „hört dieses Wort", „so ließ der HERR mich sehen", Feuer

Zweck
Gott sandte Amos nach Israel, um die verdorbene Nation vor dem kommenden Gericht zu warnen und sie zur Buße aufzurufen (5:4.6.14). Im Herzen dieser Ankündigung von Gericht ist der Ruf zur Umkehr: *Sucht mich und lebt!* (5:4). Es ist nicht Gottes Herz, dieses Gericht über sein Volk zu bringen. Er will, dass Israel umkehrt und dass *sich Recht ergieße wie Wasser und Gerechtigkeit wie ein immerfließender Bach* (5:24). Genauso wie Israel müssen wir eines Tages vor Gott stehen und Rechenschaft für unser Leben ablegen (2 Korinther 5:10).

Christus in Amos
In den letzten fünf Versen sehen wir eine Verheißung der Wiederherstellung. Die Verheißung beinhaltet das Aufrichten der Hütte Davids, das Kommen des Messias und Herrschers Jesus.

Obadja

Autor
Der Name „Obadja" bedeutet „Diener des Herrn" oder „Anbeter des Herrn". Darüber hinaus wissen wir nichts über Obadja.

Zeit
Genaue Zeitangaben (z. B. der Name eines Königs) fehlen im Buch Obadja. Die Plünderung Jerusalems, die in den Versen 11–14 beschrieben wird, könnte entweder der Angriff der Philister und Araber auf Jerusalem in der Regierungszeit Jorams (848–841 v. Chr.) oder die Eroberung der Stadt 586 v. Chr. durch die Babylonier gewesen sein.
Eine Datierung um etwa 840 v. Chr. passt besser. Obadja wäre demnach der erste schreibende Prophet, der um 840–830 v. Chr. diente, während die böse Königin Atalja in Jerusalem herrschte.

Inhalt
Gottes Gericht über Edom. Die Edomiter bewohnten das Gebirge Seir, südwestlich des Toten Meeres. Ihr Gebiet erstreckte sich von dem Fluss Arnon (Grenze zu den Moabitern) bis zum Roten Meer. Ihre Hauptstadt zur Zeit Obadjas war die Felsenstadt Petra (Sela). Diese galt als uneinnehmbar.
Man erntet, was man sät. Obadja kündigt Gericht über Edom und Segen über Juda an. Er verurteilt den Stolz Edoms und sein feindseliges Verhalten gegenüber Juda. Den Ursprung dieser Feindschaft kann man bis auf die Urväter dieser beiden Völker, Esau und Jakob, zurückverfolgen. Zur Zeit Jesu, spiegelte sich der Konflikt in dem Versuch des Königs Herodes (Idumäer, Nachkomme Esaus), den Messias auszulöschen, wider. Die Edomiter wurden zuerst von dem arabischen Volk der Nabatäer aus ihrer Heimat vertrieben und bei der Zerstörung Jerusalems durch die Römer 70 n. Chr. vollständig vernichtet.

Überblick
Verse 1–16: Prophezeiung über die Vernichtung Edoms
Verse 17–21: Israels Rettung und Wiederherstellung

Schlüsselverse
V. 10 *Wegen der Gewalttat an deinem Bruder Jakob bedeckt dich Schande, und du wirst ausgerottet werden.*

V. 15 *Denn nahe ist der Tag des HERRN über alle Nationen. Wie du getan hast, wird dir getan werden. Dein Tun wird auf deinen Kopf zurückkehren.*

V. 17 *Aber auf dem Berg Zion wird Rettung sein, und er wird heilig sein.*

V. 21 *Und es werden Retter hinaufziehen auf den Berg Zion, um das Gebirge Esaus zu richten. Und die Königsherrschaft wird dem HERRN gehören.*

Schlüsselworte
Edom, „in Besitz nehmen"

Zweck
Das Buch ist ein Gerichtswort an Edom, welches eine Ermutigung für Juda ist. Die zeitlosen Prinzipien, die im Buch Obadja gelehrt werden, sind:
1.) Was der Mensch sät, das wird er ernten (Galater 6:7);
2.) Hochmut kommt vor dem Fall (Sprüche 16:18; 1Korinther 10:12).

Christus in Obadja
Wir sehen Jesus Christus in Obadja als den Richter der Nationen (V. 15), den Retter Israels und den, dem die Königsherrschaft gehört (V. 21).

HINTERGRUNDINFORMATIONEN ÜBER EDOM IN DER BIBEL
1 Mose 25:21-34, 27:41 (& 42-45), 32:1-21, 33, 36, 2 Mose 15:15, **4 Mose 20:14-21**, 5 Mose 2:1-6, 23:7, 2 Samuel 8:13.14, 2 Könige 8:20-22, 14:7, Psalm 83:5-7, 137:7, **Klagelieder 4:21-22**, **Hesekiel 35** (bes. V. 5,6,15), Joel 4:18-19, **Amos 1:11-12**, 9:12, **Maleachi 1:2-5**, Matthäus 2:1-23 (bes. **V.16**), Römer 9:13

Die wichtigsten Stellen im Zusammenhang mit Obadja sind fett gedruckt.

Der „Siq", die 1,5 km lange Schlucht, die nach Petra, der 80 km südlich vom Toten Meer gelegenen Hauptstadt Edoms, führte.

Das „Schatzhaus" in Petra. Ursprünglich ein Königsgrab aus der Nabatäerzeit (6. Jh. n. Chr.). (Die Nabatäer bewohnten Petra nach den Edomitern.) Gehauen in den Felsen, von dem nach alter Überlieferung der König Amazja im 8. Jh. v. Chr. 10.000 Edomiter stürzte (2 Chronik 25:12).

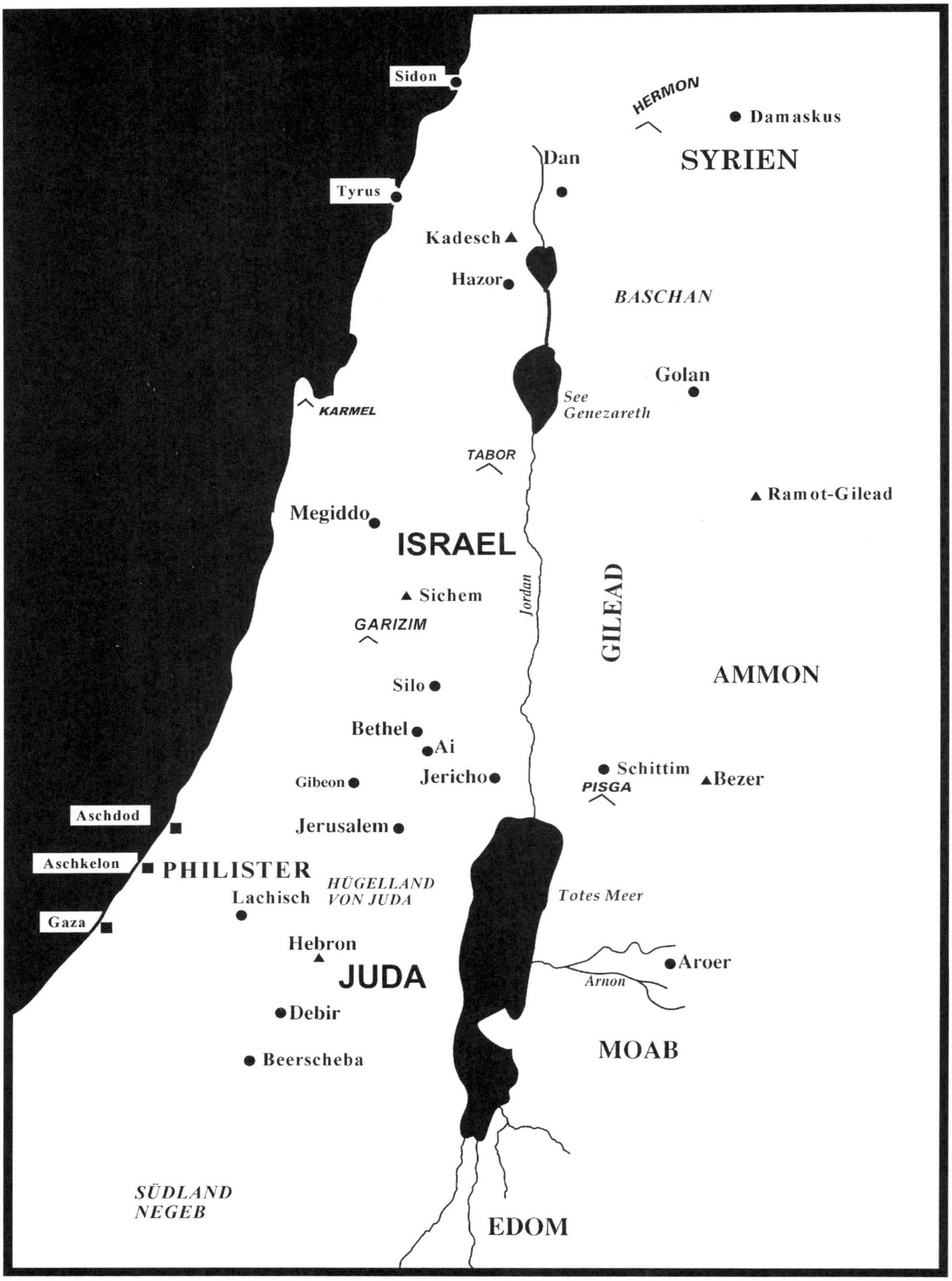
Sidon
HERMON
Damaskus
Dan
SYRIEN
Tyrus
Kadesch
Hazor
BASCHAN
Golan
See
Genezareth
KARMEL
TABOR
Ramot-Gilead
Megiddo
ISRAEL
Jordan
GILEAD
Sichem
GARIZIM
AMMON
Silo
Bethel
Ai
Schittim
Bezer
Gibeon
Jericho
PISGA
Aschdod
Jerusalem
Aschkelon
PHILISTER
HÜGELLAND
VON JUDA
Lachisch
Totes Meer
Gaza
Hebron
Aroer
JUDA
Arnon
Debir
MOAB
Beerscheba
SÜDLAND
NEGEB
EDOM

32

Jona

Autor
Jona, der Sohn des Amittai (1:1; s. auch 2 Könige 14:25). Der Name „Jona" bedeutet „Taube". Jona stammte aus Gat-Hefer, einem Dorf im Gebiet von Sebulon im nördlichen Königreich Israel. Er hatte einen prophetischen Dienst in Israel (s. 2 Könige 14:25), wurde aber nach Ninive, der fast 1000 km entfernten Hauptstadt von Israels Feinden, gesandt.

Zeit
~ 760 v. Chr., unter der Herrschaft König Jerobeams II. von Israel, ca. 40 Jahre, bevor das Nordreich Israel von den Assyrern zerstört wurde und ca. 150 Jahre vor dem Propheten Nahum.

Inhalt
Dieses Buch berichtet von einer der größten Erweckungen in der Geschichte. Es beschreibt Jonas Sendung zu den verhassten Assyrern, den Feinden Israels. Dieser Auftrag missfällt Jona. Er läuft in die entgegengesetzte Richtung davon. Gott muss ihn erst umstimmen. Jonas Mangel an Liebe für die Feinde Israels lässt Gottes Liebe nur noch stärker strahlen. Gott ist barmherzig und gnädig. Er richtet nicht, wenn Menschen Buße tun. Die Ergänzung des Buches Jona ist jedoch das Buch Nahum: Gott wird die Bösen richten, wenn sie nicht umkehren.

Das Buch enthält eigentlich zwei Geschichten:
1.) Gottes Handeln mit seinem unwilligen Diener und
2.) Gottes Handeln mit den schlimmsten Sündern der damaligen Welt.

Überblick
Kapitel 1: Jonas Flucht in den Sturm – Ungehorsam
Kapitel 2: Jona im Bauch des Fisches – Buße
Kapitel 3: Jona in Ninive – Erweckung
Kapital 4: Jona und der Herr

Schlüsselverse
4:2 *Denn ich wusste, dass du ein gnädiger und barmherziger Gott bist, langsam zum Zorn und groß an Güte, und einer, der sich das Unheil gereuen lässt.*

4:11 *Und ich, ich sollte nicht betrübt sein wegen der großen Stadt Ninive, in der mehr als 120000 Menschen sind, die nicht unterscheiden können zwischen ihrer Rechten und ihrer Linken, und eine Menge Vieh?*

Schlüsselworte
gereuen

Zweck
Dieses Buch wurde für die Nation Israel geschrieben. Es weist ihre religiöse Überheblichkeit und ihr Exklusivitätsdenken gegenüber den anderen Völkern zurecht. Jona repräsentiert Israel in seinem Hass gegen die heidnischen Nationen. Er wollte nicht, dass Ninive verschont wird. Gott wollte seinem Volk (und uns) seine Liebe für alle Menschen – auch für die Heiden – zeigen. Gott ist *gnädig und barmherzig, langsam zum Zorn und reich an Gnade*. Sein Volk hat die Verantwortung, diese Botschaft der Liebe allen Menschen zu bringen. Jonas Einstellung zeigt uns die Notwendigkeit, wie Gott zu lieben, und ihn richtig zu repräsentieren. Gott liebt hier die schlimmsten Feinde, die Israel je hatte. Jona zeigt uns auch unsere Verantwortung für die Verlorenen: *Wie aber werden sie hören ohne einen Prediger?* (Römer 10:14).

Das Buch macht deutlich, dass Umkehr die einzige Bedingung ist, um Gottes Gnade zu empfangen – die gleiche Bedingung für Heiden und Juden (s. Römer 3:22-24, 10:12-13).

Christus in Jona
Jonas Erfahrung ist ein Bild für den Tod und die Auferstehung Jesu Christi (Matthäus 12:39-41). Jesus sagte, dass er „mehr als Jona" sei, als er Menschen zur Buße aufrief (Lukas 11:29-32). Das Buch Jona enthält ein klares Bild von Gottes Liebe für die ganze Welt (Johannes 3:16).

DIE GEOGRAPHIE DES BUCHES JONA

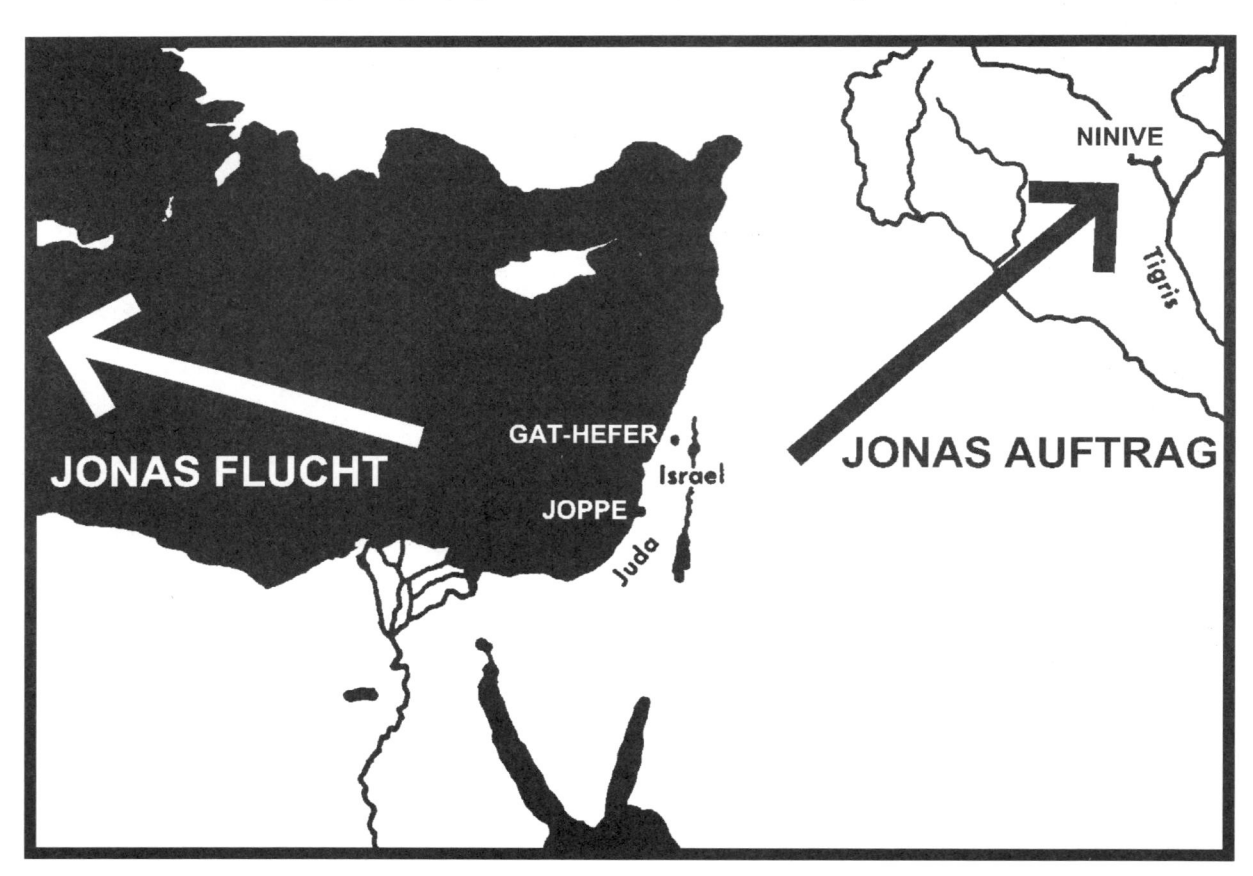

Bericht über einen Mann, der von einem Wal verschluckt wurde:
„Im Februar 1891 war das Walfangschiff *Stern des Ostens* in der Nähe der Falklandinseln unterwegs, als der Matrose auf dem Mast einen großen Pottwal in drei Meilen Entfernung sichtete. Zwei Boote wurden zu Wasser gelassen und innerhalb kurzer Zeit konnte ein Walfänger den Fisch harpunieren. Das zweite Boot griff den Wal an, wurde aber von dessen Schwanzflosse getroffen, und die Männer wurden ins Meer geschleudert. Einer ertrank und ein Zweiter, James Bartley, war verschwunden und konnte nicht gefunden werden. Der Wal wurde getötet, und wenige Stunden später lag der große Körper längsseits des Schiffes und die Besatzung war damit beschäftigt, mit den Äxten und Spaten den Walspeck zu entfernen. Sie arbeiteten den ganzen Tag und die halbe Nacht. Am darauf folgenden Tag befestigten sie einen Seilzug am Bauch des Fisches und hoben ihn aufs Deck. Die Matrosen erschraken aufgrund von spastischen Lebenszeichen und fanden im Magen des Fisches den vermissten Matrosen, zusammengekrümmt und bewusstlos. Er wurde aufs Deck gelegt und mit einem Meerwasserbad behandelt, welches ihn schnell wiederbelebte. Aber seine Gedanken waren nicht klar, und er wurde in die Räume des Kapitäns gebracht, wo er zwei Wochen lang als völlig Irrer hauste. Er wurde freundlich umsorgt vom Kapitän und den Offizieren des Schiffes, und langsam kam er wieder zu seinen Sinnen. Nach drei Wochen hatte er sich ganz erholt und trat seinen Dienst wieder an. Während seines Aufenthalts im Bauch des Wals veränderte sich Bartleys Haut durch den Einfluss des Magensaftes auffällig. Sein Gesicht, sein Nacken und seine Hände waren todesblass gebleicht und sahen aus wie Pergament. Bartley behauptet, dass er wahrscheinlich in seiner Behausung aus Fleisch überlebt hätte, bis er verhungert wäre, da er seine Sinne aus Angst verlor und nicht wegen Sauerstoffmangel.
Es wird auch berichtet, dass Bartley erklärte, dass das Wasser um ihn schäumte, nachdem er ins Meer geschleudert worden war, offensichtlich durch die Schläge der Schwanzflosse des Wals. Dann wurde er in die Dunkelheit gezogen und fand sich an einem großen Ort wieder, an dem es sehr heiß war. In der Dunkelheit suchte er tastend nach einem Ausgang und fand nur schleimige Wände um sich herum. Da begriff er die furchtbare Tatsache und wurde bewusstlos, bis er von dem Meerwasserbad am Deck des Schiffes wieder aufgeweckt wurde."*

---

* Sir Francis Fox, zitiert in Baxter, Buch 3, S. 153-154. Übersetzung: meine.

33

Micha

Autor
Micha von Moreschet (1:1). Der Name „Micha" ist die Kurzform von „Michaja", was „Wer ist wie JHWH?" bedeutet. Micha stammte aus einer ländlichen Gegend im Westen Judas. Jeremia 26:18 bezeugt, dass Micha großer Respekt entgegengebracht wurde.

Zeit
~ 735-710 v. Chr. *In den Tagen des Jotam, Ahas und Hiskia* (1:1). Die Regierungszeiten dieser drei Könige umfassen die Zeit von 739 v. Chr. bis 686 v. Chr. Da Micha den Fall Samarias vorhersagte (1:6), muss zumindest ein Teil seines Dienstes schon vor 722 v. Chr. stattgefunden haben.

Inhalt
Micha war ein Zeitgenosse Jesajas und hatte eine sehr ähnliche Botschaft. Michas Perspektive ist die Perspektive des einfachen Mannes vom Land. Er ist nicht so involviert in die internationale Politik wie Jesaja, sondern sein Augenmerk ist vor allem auf seine Heimat gerichtet und die Missstände, die dort herrschen. Er ist besonders sensibel für die Ungerechtigkeit der Herrschenden gegenüber den einfachen Leuten. Gott hasst die Unterdrückung der Armen und leere, formale Religiosität. Micha deckt die Ungerechtigkeiten auf und vergleicht sie mit der Gerechtigkeit Gottes. Korrupte menschliche Leiterschaft wird der gerechten göttlichen Leiterschaft des Messias gegenübergestellt. Micha weissagt vor allem über Jerusalem, aber auch über Samaria (s. 1:1). Er kündigt Gottes Gericht an, vor allem wegen des Fehlverhaltens der herrschenden Klasse. Micha hat aber auch Botschaften der Hoffnung und Gnade für sein Volk, die sowohl die nahe Zukunft (Rückkehr aus der Babylonischen Gefangenschaft) als auch das Messianische Zeitalter betreffen.

Juda kann sowohl Gericht (wegen seiner Untreue) als auch Gnade (wegen Gottes unveränderlicher Treue zu seinem Bund) von Gott erwarten. Gott wird Sünde richten, doch das Angebot der Gnade gilt noch.

Das Buch enthält einige Prophezeiungen, die schon erfüllt wurden (1:6, 1:9, 3:12, 4:10, 5:1).

Überblick
Kapitel 1-3: Sünde und Gericht
Kapitel 4-5: zukünftige Wiederherstellung
Kapitel 6-7: Aufruf zur Buße

Schlüsselverse

1:1 *Das Wort des HERRN, das zu Micha aus Moreschet geschah in den Tagen des Jotam, Ahas und Hiskia, der Könige von Juda, das er über Samaria und Jerusalem schaute.*

3:11 *Hört doch dies, ihr Häupter des Hauses Jakob und ihr Anführer des Hauses Israel, die das Recht verabscheuen und alles Gerade krümmen, die Zion mit Blut bauen und Jerusalem mit Unrecht! Seine Häupter richten für Bestechung, seine Priester lehren für Lohn und seine Propheten wahrsagen für Geld.*

6:8 *Man hat dir mitgeteilt, o Mensch, was gut ist. Und was fordert der HERR von dir, als Recht zu üben und Güte zu lieben und demütig zu gehen mit deinem Gott?*

7:18 *Wer ist ein Gott, wie du, der die Schuld vergibt und Vergehen verzeiht dem Überrest seines Erbteils! Nicht für immer behält er seinen Zorn, denn er hat Gefallen an Gnade.*

Schlüsselworte
hört, Recht, Güte, Überrest

Zweck
Micha ruft Gottes Volk und insbesondere die Leiterschaft zur Umkehr auf. Er klagt die sozialen Missstände an und weist darauf hin, dass Gott Sünde richten wird – kollektive wie individuelle. Als Antwort/Vorbild für menschliche Regierung wird der Messias präsentiert. Gott sendet einen Retter, der alle unsere Sünden „in die Tiefen des Meeres" werfen (7:19) und Frieden bringen (5:5) wird. Michas Warnung wurde ernst genommen. Seine Botschaft (gemeinsam mit Jesajas) leistete einen wesentlichen Beitrag zur Reformation unter König Hiskia (s. Jeremia 26:18-19).

Christus in Micha
In 5:2 sagt Micha 700 Jahre vor der Geburt Christi, dessen Geburtsort vorher. Micha schaut auch voraus auf die Wiederkunft Christi und das Messianische Friedensreich. Er ist der Friedefürst, der in Gerechtigkeit über sein Volk herrschen wird.

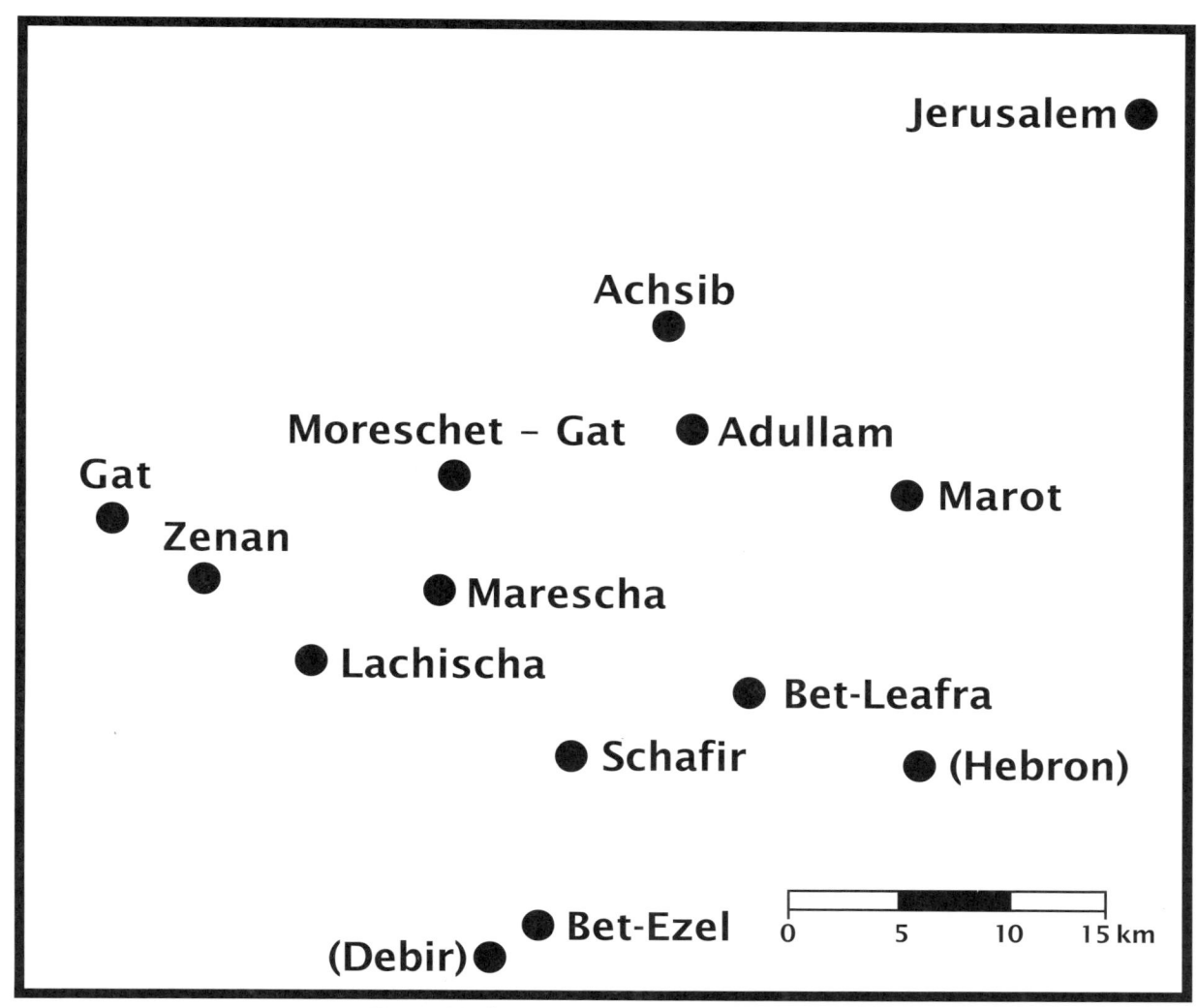

Die in Micha 1:10–15 genannten Orte.
Durch dieses Gebiet rückte das assyrische Heer Sanheribs gegen Jerusalem vor.

Die Städtenamen bilden ein Wortspiel in den Weissagungen von 1:10-15.
Bet-Leafra = „Staubheim"
Schafir = „Schönstadt"
Zaanan = „Auszug"
Marot = „Bitterkeiten"
Moreschet = „Besitztum"
Achsib = „Trug"
Marescha = „Besitz"

Nahum

Autor
Der Name „Nahum" bedeutet „Trost" und ist eine Kurzform des Namens „Nehemia". Der Name ist passend, denn Nahums Botschaft war ein Trost für Juda. 1:1 ist die einzige Bibelstelle, in der Nahum erwähnt wird.

Zeit
Wir finden keine direkte Datierung im Text des Buches. Nahum schrieb dieses Buch wahrscheinlich zwischen 663 v. Chr. und 612 v. Chr. In 3:8 beschreibt er die Zerstörung der ägyptischen Stadt Theben (No-Amon) durch die Assyrer als Beispiel für den Fall einer scheinbar unbesiegbaren Stadt. Dies geschah 633 v. Chr. Im Jahr 612 v. Chr. begann die prophezeite Belagerung Ninives durch die Babylonier, Meder und ihre Verbündeten, die zu dem Fall der Stadt führte (etwa 100-150 Jahre nach der Erweckung und Umkehr unter Jona).

Inhalt
Das Buch Nahum ist die Fortsetzung des Buches Jona. Auf Jonas Predigt hin taten die Menschen von Ninive Buße. Später aber fiel Ninive zurück in ihre alten Wege (722 v. Chr. zerstörten die Assyrer das Nordreich Israel.). Sie waren stolz gegen Gott und grausam gegen ihre Mitmenschen. Nahum kündigt Gottes Gericht über Ninive an. Er beschreibt die schrecklichen Taten der Bewohner dieser Stadt und prophezeit die Zerstörung Ninives. Gott ist barmherzig, gnädig und langsam zum Zorn, er ist aber auch heilig, gerecht und zornig auf Sünde.

Die Prophezeiungen des Buches sind genau eingetroffen. Z. B. dass Ninive durch eine Flut (1:8, 2:7) und durch Feuer zerstört werden wird (2:14, 3:13.15) und dass die Stadt nie wieder aufgebaut werden wird (1:14, 2:14). Jahrhundertelang war sie „vom Erdboden verschwunden", bis ihre Trümmer 1845 entdeckt wurden.

Überblick
Kapitel 1: Ninives Zerstörung wird angekündigt 1:1-7 Gottes Charakter
Kapitel 2: Ninives Zerstörung wird beschrieben
Kapitel 3: Ninives Zerstörung ist verdient

Schlüsselverse
1:3 *Der HERR ist langsam zum Zorn und groß an Kraft. Doch keinesfalls lässt der HERR ungestraft.*

1:7-8 *Gut ist der HERR. Er ist ein Zufluchtsort am Tag der Bedrängnis; und er kennt die, die sich bei ihm bergen. Doch mit einer überschwemmenden Flut wird er ihrem Ort ein Ende machen, und Finsternis wird seine Feinde verfolgen.*

2:1 *Siehe, auf den Bergen die Füße des Freudenboten, der Heil verkündigt! Feiere deine Feste, Juda, erfülle deine Gelübde! Denn von nun an wird der Heillose nicht mehr durch dich hindurchziehen; er ist vollständig ausgerottet.*

Schlüsselphrase
„Siehe, ich will an dich!, spricht der HERR"; wehe

Zweck
Gottes Gericht an Ninive ist sowohl eine befreiende Botschaft für Juda, als auch eine Warnung. Gott hasst Sünde und richtet Sünde. Die Heiligkeit Gottes und seine Liebe muss Grausamkeit, Gewalttat und Sünde ein Ende bereiten, auch um andere zu beschützen. Nahum zeigt uns den rächenden Gott. Die Botschaft von Nahum ist der nötige Ausgleich zur Botschaft Jonas: Genauso wie Gott gnädig und geduldig ist, ist er auch gerecht und er lässt sich nicht für immer verspotten. *Der Herr verzögert nicht die Verheißung, wie es einige für eine Verzögerung halten, sondern er ist langmütig euch gegenüber, da er nicht will, dass irgendwelche verloren gehen, sondern dass alle zur Buße kommen. Es wird aber der Tag des Herrn kommen ...* (2 Petrus 3:9-10).

Christus in Nahum
Obwohl das Buch keinen direkten Verweis auf Christus enthält, ist sein Charakter in 1:2-8 offenbart. Jesus Christus wird wiederkommen und Sünde richten. Am Kreuz sehen wir das furchtbarste Bild von Gottes Gericht über Sünde. 2:1 enthält eine Anspielung auf das Evangelium (vgl. Römer 10:15 und Jesaja 52:7).

DIE GESCHICHTE NINIVES	
756 v. Chr.	Seuche in Ninive (Vorbereitung auf Jonas Predigt?).
763	Sonnenfinsternis in Ninive.
761	Seuche in Ninive.
760	Jona predigt in Ninive. Die Stadt tut Buße.
722	Das Nordreich Israel wird von den Assyrern zerstört.
701	Die assyrische Armee greift Jerusalem an (2 Könige 18:17 u. a.).
663	Theben (No-Amon) wird zerstört (s. Nahum 3:8).
650	Nahum prophezeit gegen Ninive.
612	Ninive wird von den Babyloniern und ihren Verbündeten zerstört.

35

Habakuk

Autor
Habakuk (1:1, 3:1). Sein Name bedeutet „Umarmer" oder „Umklammerer". Habakuk war ein Prophet (1:1, 3:1) und möglicherweise auch ein Levit oder Priester im „Lobpreisteam" des Tempels in Jerusalem (s. 3:19).

Zeit
~ 608–607 v. Chr. Habakuk selbst gibt uns keine genaue Datierung, aber die Beschreibung der Babylonier in 1:5-11 deutet darauf hin, dass diese schon den Status einer Weltmacht innehatten und dass die Angriffe Babylons auf Juda kurz bevorstanden. Das Buch wurde also wahrscheinlich nach dem Fall Ninives 612 v. Chr. und vor der ersten babylonischen Invasion in Juda 605 v. Chr. geschrieben. (605 schlugen die Babylonier vernichtend das ägyptische Heer bei Karkemisch.) Habakuk war ein Zeitgenosse Jeremias.

Inhalt
Dieses Buch ist vor allem ein Gespräch zwischen dem Propheten und Gott. Der Prophet stellt Fragen und Gott beantwortet sie. Habakuk spricht nicht direkt zu dem Volk als „Stimme" Gottes, sondern er erzählt von seinem Gespräch mit Gott und den Antworten, die Gott ihm auf seine Fragen gab. Am Anfang des Buches ringt Habakuk mit Gott, am Ende singt er voll Freude im Herrn (3:18.19). Diese Verwandlung beruht auf Glauben.

König Josias Reformen waren schnell im Sand verlaufen und das Gericht über Juda besiegelt. Gott ist heilig und gerecht, wenn er richtet. Er benutzt die Babylonier als sein Werkzeug, um Juda zu richten. Habakuk prophezeit die Eroberung Jerusalems durch die Babylonier (Chaldäer). Gott wird aber auch Babel für sein gottloses Handeln verantwortlich halten und richten.

Überblick
Kapitel 1-2: Gespräch (Ringen) mit Gott – Fragen und Antworten
Kapitel 3:   Psalmgebet Habakuks – Lobpreis und Freude im Herrn

Schlüsselverse
2:4   Siehe, die gerechte Strafe für den, der nicht aufrichtig ist! Der Gerechte aber wird durch seinen Glauben leben.

2:20 Der HERR aber ist in seinem heiligen Palast. Schweige vor ihm, ganze Erde!

Schlüsselworte
warum, Glauben

Zweck
Das Buch ist eine Ermutigung und Herausforderung an Juda und uns, dem Herrn zu vertrauen und aus Glauben zu leben.
Wir können Gottes Handeln nicht immer sehen/verstehen. Gott gibt denen, die auf ihn harren und hören, Antworten, wenn auch nicht immer unbedingt jene, die sie erwarten. *Der Gerechte wird durch Glauben leben.* Durch das Vertrauen auf Gott erfahren wir die Freude im Herrn und den Frieden Gottes, der das Verstehen übersteigt (Philipper 4:6-7).

Christus in Habakuk
Der Gerechte wird durch seinen Glauben leben (2:4). – Das ist das Evangelium in Kurzform (s. Römer 1:17, Galater 3:11, Hebräer 10:38). Dieser Vers, zitiert im Römerbrief, öffnete Martin Luther die Augen für das Evangelium der Gnade Gottes und wurde der Anstoß zur Reformation.

36

Zefanja

Autor
Nach 1:1 war Zefanja der Ururenkel von König Hiskia. Zefanja diente im Südreich Juda (Jerusalem). Seine Prophezeiungen richteten sich gegen Jerusalem und die umliegenden Nationen.

Zeit
In den Tagen Josias (1:1), wahrscheinlich um 630 v. Chr., vor Josias Reformen, als das Volk unter der langen Regierungszeit des bösen Königs Manasse moralisch und politisch tief gesunken war. Zefanja war ein Zeitgenosse des frühen Jeremia. Assurs Vormachtstellung war im Niedergang begriffen und wurde von Babel abgelöst.

Inhalt
Der Tag des HERRN – durch Gericht zum Segen – ist das Thema Zefanjas.
Die Phrase *„der Tag des HERRN"* wird 21-mal in diesem kurzen Buch erwähnt. Sie scheint Zeiten zu beschreiben, in denen der HERR auf besondere Weise in die Geschicke der Menschen eingreift – verbunden mit Gericht und Erlösung.
Der *Tag des HERRN*, der von Zefanja beschrieben wird, hat folgende Merkmale: Er betrifft die ganze Schöpfung (1:2-3), Juda (1:4-13) und die anderen Nationen (2:4-15), er steht nahe bevor (1:14) und er wird schrecklich sein (1:15). Aber ein Überrest wird errettet werden (3:9-13) und der Tag wird einen großen Segen für diesen Überrest bringen (3:14-20).
Das Buch ist umrahmt von den Versen 1:2-3 – *Ich werde wegraffen ... ausrotten ..., spricht der HERR* und 3:19 – *Ich werde ... retten, ... sammeln, ... sie zum Lobpreis und zum Namen machen ... Ich werde euch herbeiholen ... euer Geschick wenden ... spricht der HERR.*
Zefanja sieht durch die äußeren Reformen unter König Josia hindurch das götzendienerische Herz des Volkes. Er sieht Gottes Gericht, das nur eine Generation entfernt ist. Zefanjas Botschaft ist eine sehr deutliche Warnung und ein Aufruf zu wahrer Umkehr in letzter Minute. Gott wird Sünde und Götzendienst richten. Er wird die Untreuen seines Volkes mit den Heiden richten. Doch seine Absicht ist es zu reinigen, um den treuen Überrest Israels und mit ihm die „bekehrten" Heiden zu segnen.

Überblick
1:1-3:8 Gericht	1:1-2:3	über Juda
	2:4-15	über die Nationen
	3:1-8	Anklage Jerusalems
3:9-20 Errettung und Segen		

Schlüsselverse

1:14-16 *Nahe ist der große Tag des HERRN; er ist nahe und eilt sehr. Horch! Der Tag des HERRN ist bitter. Da schreit selbst der Held. Ein Tag des Grimms ist dieser Tag, ein Tag der Not und der Bedrängnis, ein Tag des Verwüstens und der Verwüstung, ein Tag der Finsternis und der Dunkelheit, ein Tag des Gewölks und des Wolkendunkels, ein Tag des Horns und des Kampfgeschreis gegen die befestigten Städte und gegen die hohen Zinnen.*

2:3 *Sucht den HERRN, alle ihr Demütigen des Landes, die ihr sein Recht getan habt, sucht Gerechtigkeit, sucht Demut! Vielleicht werdet ihr geborgen am Zornestag des HERRN.*

3:17 *Der HERR, dein Gott, ist in deiner Mitte, ein Held, der rettet; er freut sich über dich in Fröhlichkeit, er schweigt in seiner Liebe, er jauchzt über dich mit Jubel.*

Schlüsselphrase
der Tag des HERRN

Zweck
Gott hat Zefanja gebraucht, um:
1.) sein Volk vor dem kommenden Gericht zu warnen,
2.) sein Volk zur Buße aufzurufen,
3.) die zukünftige Wiederherstellung seines Volkes anzukündigen.

Aus dem Gericht wird ein gereinigtes und demütiges Volk hervorgehen, in dessen Mitte der HERR wohnen wird.

Auch uns steht ein *Tag des HERRN* bevor. Wir werden alle vor Gott stehen und Rechenschaft für unser Leben ablegen müssen. Alle, die nicht in Jesus sind, werden Gottes Zorn und Gericht wegen ihren Sünden erleben. Äußere Religiosität wird nichts gelten vor dem HERRN. Dieses Wissen sollte uns zu Reinheit ermutigen und dazu, unsere Mitmenschen zu warnen, zur Buße aufzurufen und auf Jesus, unseren Retter, hinzuweisen, in dem unsere Sünden bereits gerichtet wurden.

Christus in Zefanja
Christus ist *der König Israels, der HERR in deiner Mitte* (3:15). Er wird die Verheißungen in 3:9-20 in seinem Reich erfüllen. Unsere Sünde ist in Jesus gerichtet worden: *Den, der Sünde nicht kannte, hat er für uns zur Sünde gemacht, damit wir Gottes Gerechtigkeit würden in ihm* (2 Korinther 5:21).

37

Haggai

Autor
Haggai, „der Festliche" (s. Esra 5:1, 6:14).

Zeit
520 v. Chr., 4 Monate, von September bis Dezember. Ein jüngerer Zeitgenosse Haggais war der Prophet Sacharja.

Inhalt
Zuerst der Herr! *Baut das Haus!* (1:8), *Seid stark ... und arbeitet* (2:4)!
Der Prophet richtet vier Botschaften an die aus dem Exil zurückgekehrten Juden, um sie zu ermahnen und zu ermutigen, den Tempelbau fortzusetzen. Serubbabel hatte etwa 16 Jahre zuvor die erste Gruppe von etwa 50.000 Juden aus Babel zurück nach Jerusalem geführt und den Wiederaufbau des Tempels begonnen. Ein Altar wurde errichtet, und etwa 2 Jahre nach der Rückkehr war das Fundament des Tempels gelegt. Dann wurde der Weiterbau jedoch aufgrund von Entmutigung und dem Widerstand ihrer Feinde eingestellt. Das Volk sagte: *„Die Zeit ist noch nicht gekommen, das Haus des HERRN zu bauen"* (2:2). Stattdessen bauten sie sich selbst schöne Häuser. 14 Jahre lang lag der Tempel brach. Der HERR entzog seinen Segen und sandte eine Dürre. Haggai führt die Missgeschicke des Volkes auf die Vernachlässigung des Werkes des HERRN zurück. Er ruft die Juden auf, ihre Prioritäten zu ordnen und den HERRN (den Tempel und den Gottesdienst) wieder an die erste Stelle ihres Lebens zu setzen. Dann würde Gott die Nation wieder segnen. Das Volk reagierte auf die Ermahnung Haggais und nahm innerhalb von 24 Tagen den Tempelbau wieder auf. Der Tempel wurde 4 Jahre später fertiggestellt.

Überblick
Kapitel 1	1. Botschaft im September:	Zurechtweisung: *Baut das Haus!*
2:1-9	2. Botschaft im Oktober:	Ermutigung: *Ich werde dieses Haus mit Herrlichkeit füllen.*
2:10-19	3. Botschaft im Dezember:	Ermahnung zu Heiligkeit und Geduld + Verheißung von Gottes Gnade: *Von diesem Tag an will ich segnen.*
2:20-23	4. Botschaft im Dezember:	Verheißung an Serubbabel: *Ich habe dich erwählt.*

Schlüsselverse

1:8 *Steigt hinauf ins Gebirge und bringt Holz herbei und baut das Haus! Dann werde ich Gefallen daran haben und mich verherrlichen, spricht der HERR.*

2:4 *Und nun sei stark, Serubbabel! Spricht der HERR. Und sei stark Jeschua, Sohn des Jozadak, du Hoherpriester, und seid stark, alles Volk des Landes, spricht der HERR, und arbeitet! – denn ich bin mit euch, spricht der HERR der Heerscharen.*

2:7 *Dann werde ich alle Nationen erschüttern, und die Kostbarkeiten aller Nationen werden kommen, und ich werde dieses Haus mit Herrlichkeit füllen, spricht der HERR der Heerscharen.*

Schlüsselphrasen
„... geschah das Wort des HERRN", „richtet euer Herz auf ...", Haus

Zweck
Eine Aufforderung an das Volk und seine Leiter, Gott an die erste Stelle zu setzen und den Tempelbau fortzusetzen. Der Tempel spielte im Alten Testament eine zentrale Rolle für die Anbetung Gottes. Das Volk hatte sich daran gewöhnt, ohne den Tempel zu leben. Dies würde auf Dauer zum Ende ihrer nationalen Religion führen. Deshalb war Haggais Dienst von großer Bedeutung.

Gott muss die Nummer eins in unserem Leben sein, und wir müssen treu sein in dem, was er uns aufgetragen hat, auch unter schwierigen Umständen. *Trachtet aber zuerst nach dem Reich Gottes und nach seiner Gerechtigkeit, und dies alles wird euch hinzugefügt werden* (Matthäus 6:33).

Christus in Haggai
In 2:7-9 wird über Jesus gesprochen: *„Ich werde dieses Haus mit Herrlichkeit füllen. Größer wird die Herrlichkeit dieses künftigen Hauses sein als die des früheren."*

In 2:23 sehen wir, wie beide Linien des Messias in Serubbabel zusammenkommen (s. Matthäus 1:12, Lukas 3:27).

CHRONOLOGIE DES TEMPELBAUS		
586 v. Chr.	Zerstörung der Stadt Jerusalem und des Tempels durch die babylonische Armee.	
539	Zerfall des Babylonischen Reiches. Das Persische Reich unter König Kyrus wird zur Weltmacht.	
538	Erlass des Kyrus: Die Juden dürfen zurückkehren.	Esra 1:1-4
536	Erste Rückkehr der Juden unter Serubbabel. Etwa 50.000 Menschen kehren zurück.	Esra 1:5-2:70 Nehemia 12
536-535	Der Brandopferaltar wird wieder errichtet, das Laubhüttenfest wird gefeiert, Opfer werden dargebracht. Die Grundmauern des Tempels werden gelegt.	Esra 3:1-6 Esra 3:7-13
535-534	Widerstand der Samariter gegen den Tempelbau.	Esra 4:1-5
534	Einstellung der Arbeit am Tempelbau nach Interventionen der Samariter.	Esra 4:4-5
530	Offizieller Befehl zur Einstellung der Arbeiten durch König Artaxerxes.	Esra 4:21-24
536-520	Serubbabel ist Statthalter des Königs von Persien in Jerusalem; Jeschua ist Hoherpriester.	
520	Haggai und Sacharja *weissagten den Juden, die in Juda und in Jerusalem waren, im Namen des Gottes Israels.* Wiederaufnahme der Arbeit am Tempelbau nach 14 Jahren Inaktivität. Edikt von Darius I zur Wiederaufnahme des Tempelbaus, Anordnung den Bau zu unterstützen.	Esra 5:1; Haggai 1:1 Esra 5:2; Haggai 1:14-15
516	Vollendung des Tempels.	Esra 6:14-15

38

Sacharja

Autor
Sacharja. Sein Name bedeutet „Der HERR hat sich erinnert" bzw. „Der HERR hat gedacht". Sacharja war Priester (s. Nehemia 12:4.16). Laut jüdischer Tradition wurde er zwischen dem Altar und dem Tempel ermordet (s. Matthäus 23:35).

Zeit
520-518 v. Chr. Sacharja war ein Zeitgenosse Haggais. Der historische Hintergrund für die Kapitel 1-8 ist derselbe wie bei Haggai. Diese beiden Propheten waren maßgeblich daran beteiligt, Gottes Volk zur Wiederaufnahme des Tempelbaus zu bewegen, der vierzehn Jahre lang unterbrochen gewesen war. An drei Stellen nennt Sacharja den Zeitpunkt seiner Predigten: 1:1, 1:7 und 7:1. Das zweite Jahr des Königs Darius (1:1) war 520 v. Chr., das vierte Jahr war 518 v. Chr. Die Kapitel 9-14 sind nicht datiert. Vermutlich wurden die Kapitel 1-8 während des Tempelbaus (520-516 v. Chr.) und die Kapitel 9-14 nach dessen Vollendung im Jahr 516 geschrieben.

Inhalt
Haggai ermahnt das Volk, den Tempel zu bauen und Sacharja gibt ihnen die geistliche Sicht, warum es wichtig ist, den Tempel zu bauen. Seine Botschaft soll dem entmutigten Volk Vision und Hoffnung geben. Er zeigt ihnen, dass Gott am Wirken ist in der Welt, und dass er Israel wieder aufbaut als Vorbereitung für das Kommen des Messias. Die heidnischen Nationen werden zerstört werden, aber Israel, als das Volk des Messias, wird bis zum Kommen des Messias überleben. Er wird eines Tages sein Reich aufrichten. Das Werk des Herrn wird durch die Kraft des Heiligen Geistes vollbracht werden.
Die Kapitel 1-8 haben hauptsächlich das Ziel, das Volk beim Bau des Tempels zu ermutigen. Die Vorhersagen in den Kapiteln 9-14 betreffen künftige Gerichte und Segnungen, die über die Nation kommen werden, und sind vor allem messianisch.
Aufgrund seines apokalyptischen Charakters wird das Buch Sacharja häufig als die „Offenbarung des Alten Testaments" bezeichnet. Wie das neutestamentliche Buch der Offenbarung enthält es viele Symbole.

Überblick
Kapitel 1-8: Botschaften während des Tempelbaus
        1-6: 8 Visionen
        7-8: 4 Botschaften

Kapitel 9-14: Botschaften nach der Vollendung des Tempels - 2 Aussprüche:
        9-11: über die Ablehnung des Messias
        12-14: über die Herrschaft des Messias

Schlüsselverse

1:16 *Darum, so spricht der HERR: Ich habe mich Jerusalem in Erbarmen wieder zugewandt. Mein Haus soll darin gebaut werden, spricht der HERR der Heerscharen, und die Messschnur soll über Jerusalem ausgespannt werden.*

4:6 *Da antwortete er und sprach zu mir: Dies ist das Wort des HERRN an Serubbabel: Nicht durch Macht und nicht durch Kraft, sondern durch meinen Geist, spricht der HERR der Heerscharen.*

9:9 *Juble laut, Tochter Zion, jauchze, Tochter Jerusalem! Siehe, dein König kommt zu dir ...*

Schlüsselphrasen
„HERR der Heerscharen", König, Jerusalem, „Haus/Tempel des Herrn"

Zweck
1.) Geistliche Erneuerung: Aufruf zur Buße,
2.) Ermutigung zur Vollendung des Tempelbaus (s. 1:16, 4:9, 6:12-13, 8:9),
3.) Trost und Ermutigung (1:13.17) in schwierigen Zeiten,
4.) Unterweisung des Volkes über den kommenden Messias.

Auch wir brauchen Vision für unser Leben. Unser Leben hier auf der Erde ist eine Vorbereitung auf die Ewigkeit mit Gott, und was wir hier tun, wird ewige Bedeutung haben.

Christus in Sacharja
Das Buch Sacharja enthält nach Jesaja die meisten messianischen Prophetien. Christus wird sowohl als Diener, der verworfen wird, als auch als König, der herrschen wird, präsentiert. Die Wichtigsten sind folgende:

In 3:8	ist Jesus der „Spross".
In 6:13	ist Jesus der König und Priester auf dem Thron.
In 9:9-10	ist Jesus der demütige König, der auf einem Esel reitet (Matthäus 21:5).
In 11:12-13	wird Jesus für 30 Silberstücke verkauft (Matthäus 26:15).
In 12:10	ist Jesus der, der um der Gnade willen durchbohrt wird (Johannes 19:37, Offenbarung 1:7).
In 13:1	ist Jesus die Quelle der Vergebung.
In 13:7	ist Jesus der geschlagene Hirte (Matthäus 26:31).

Im Kapitel 14 ist Jesus der König, der kommt, um über die ganze Erde zu regieren.

Maleachi

Autor
Von Maleachi kennen wir nur seinen Namen. Maleachi bedeutet „Mein Bote".

Zeit
Das Buch ist undatiert. Wahrscheinlich ist eine Verfasserschaft um 432-425 v. Chr., während der Abwesenheit Nehemias in Persien (s. Nehemia 13:6), oder um 400 v. Chr., nach Nehemia.

Inhalt
Ein Aufruf, von Sünde umzukehren zu Gott, besonders im Hinblick auf das Kommen des Messias. 100 oder mehr Jahre waren vergangen seit den Propheten Haggai und Sacharja. Ihre Verheißung des Messias hatte sich noch nicht erfüllt. Das Volk Israel befand sich wieder in einem geistlich und moralisch verfallenen lauen Zustand, geprägt von formaler Religiosität, Skeptizismus und Untreue. Maleachi prophezeit, dass der Messias kommen wird. Wenn das Volk jedoch nicht bereit ist, wird das Kommen des Messias zum Gericht sein und nicht zum Segen.
Stilistisch gebraucht der Prophet folgendes dreistufige Muster, welches mehrmals wiederholt wird:
1.) Anklage Gottes gegen das Volk - z. B. *„Ja, ihr beraubt mich!"*
2.) Das Volk antwortet mit einer Frage - *„Ihr aber sagt: Worin haben wir dich beraubt?"*
3.) Gottes Gegenantwort - *„Im Zehnten und im Hebopfer"* (3:8).

Das Buch ist um 7 solcher Anklagen gegen ihre Lauheit aufgebaut. Dazwischen wird das Kommen des Messias und dessen Vorläufer angekündigt. Das Buch endet mit einer Warnung.

Maleachi ist der letzte Prophet vor einer 400 Jahre langen Stille bis zur Ankunft des verheißenen Messias.

Überblick
1. Anschuldigung: 1:2-5   Leugnen von Gottes Liebe
2. Anschuldigung: 1:6-14   Verunreinigung des Tisches des HERRN
3. Anschuldigung: 2:1-9   Verachtung von Gottes Wort
4. Anschuldigung: 2:10-16   Scheidung und Vermischung mit Heiden
5. Anschuldigung: 2:17   Verdrehen von Gottes Wort
6. Anschuldigung: 3:6-12   Berauben von Gott
7. Anschuldigung: 3:13-15   Geringschätzung von Gottesdienst

Ankündigung der Ankunft des Messias: 3:1-5
                                                                      3:16-24

Schlüsselverse

1:2 *Ich habe euch geliebt, spricht der HERR. Aber ihr sagt: Worin hast du uns geliebt?*

3:1 *Siehe, ich sende meinen Boten, damit er den Weg vor mir her bereite. Und plötzlich kommt zu seinem Tempel der Herr, den ihr sucht, und der Engel des Bundes, den ihr herbeiwünscht, siehe, er kommt, spricht der HERR der Heerscharen.*

3:7 *Kehrt um zu mir! Und ich kehre um zu euch, spricht der HERR der Heerscharen. Ihr aber sagt: Worin sollen wir umkehren?*

3:18 *Und ihr werdet wieder den Unterschied sehen zwischen dem Gerechten und dem Ungerechten, zwischen dem, der Gott dient, und dem, der ihm nicht dient.*

3:23 *Siehe, ich sende euch den Propheten Elia, bevor der Tag des HERRN kommt, der große und furchtbare.*

Schlüsselphrasen
„Ihr sagt: womit/worin/was ...?", „der Tag"

Zweck
Geistliche Erneuerung: Aufruf zur Buße: Seid bereit für die Ankunft des Herrn!
Bereitet den Weg des Herrn! (Matthäus 3:3)

Christus in Maleachi

In 3:1 prophezeit Maleachi den Boten, der den Weg für den Messias bereiten wird – erfüllt in Johannes dem Täufer. Jesus ist in diesem Vers der Herr, der zu seinem Tempel kommt (s. Johannes 2:14-16 und Matthäus 21:12) und der ersehnte *„Engel des Bundes"*.

In 3:20 sehen wir Christus als die *„Sonne der Gerechtigkeit"*.

40

Jesus, der Messias

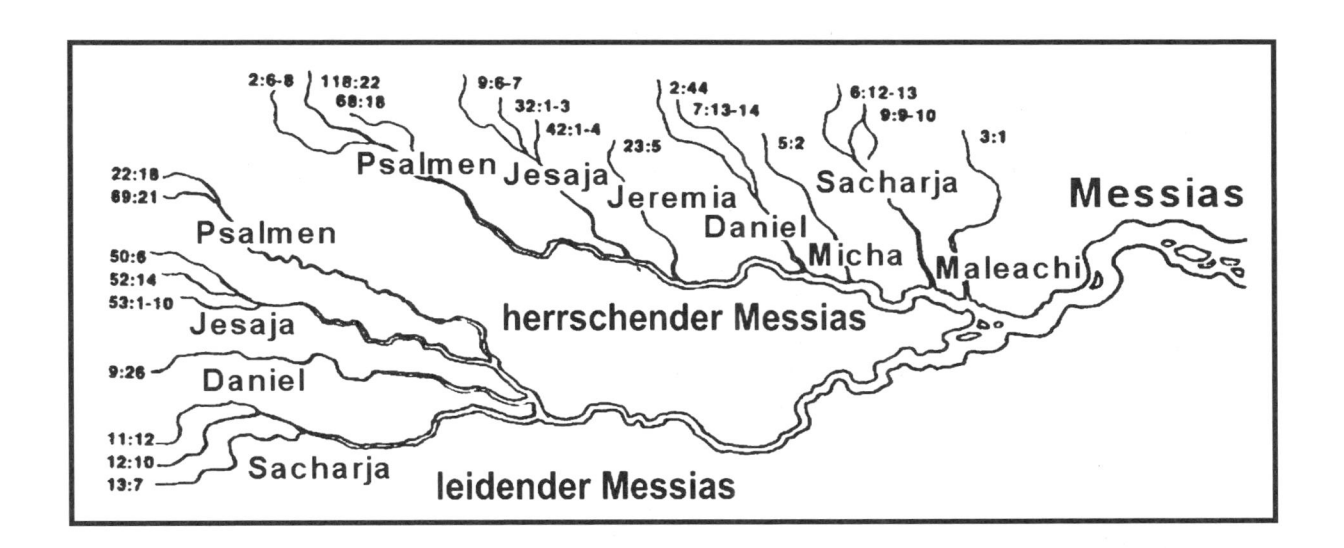

```
           2:6-8  118:22      9:6-7          2:44         6:12-13
                  68:18       32:1-3         7:13-14      9:9-10
                              42:1-4                                3:1
  22:18      Psalmen Jesaja           23:5        5:2
  69:21                       Jeremia       Sacharja        Messias
          Psalmen                      Daniel
  50:6                                     Micha   Maleachi
  52:14
  53:1-10  Jesaja           herrschender Messias
  9:26   Daniel
  11:12
  12:10
  13:7   Sacharja      leidender Messias
```

VON JESUS ERFÜLLTE PROPHETIEN IM ÜBERBLICK

1. Jesu Kommen
Die Tatsache: 1 Mose 3:15, 5 Mose 18:15, Psalm 89:20-21, Jesaja 9:5-6, 28:16, 32:1, 35:4, 42:6, 49:1, 55:4, Hesekiel 34:24, Daniel 2:44, Micha 4:1, Sacharja 3:8
Die Zeit: 1 Mose 49:10, 4 Mose 24:17, Daniel 9:24, Maleachi 3:1
Seine Göttlichkeit: Psalm 2:7.11, 45:7.8.12, 72:8, 89:27.28, 102:25-28, 110:1, Jesaja 9:5, 25:9, 40:9.10, Jeremia 23:6, Micha 5:1, Maleachi 3:1
Seine Menschlichkeit: 1 Mose 12:3, 18:18, 21:12, 22:18, 26:4, 28:14, 49:10, Psalm 18:5-7.51, 22:23.24, 89:5.30.37.38, 132:11, Jesaja 11:1, Jeremia 23:5, 33:15

2. Sein Vorläufer
Jesaja 40:3, Maleachi 3:1.23

3. Seine Geburt und Kindheit
Die Tatsache: 1 Mose 3:15, Jesaja 7:14
Der Ort: 4 Mose 24:17.19, Micha 5:1
Anbetung der Weisen: Psalm 72:10.15, Jesaja 60:3.6
Flucht nach Ägypten: Hosea 11:1
Ermordung der Kinder: Jeremia 31:15

4. Sein Auftrag und Amt
Sendung: 1 Mose 12:3, 49:10, 4 Mose 24:19, 5 Mose 18:18.19, Psalm 21:2, Jesaja 59:20, Jeremia 33:16
Priester wie Melchisedeck: Psalm 110:4
Prophet wie Mose: 5 Mose 18:15
Bekehrung der Heiden: 5 Mose 32:43, Psalm 18:50, 19:5, 117:1, Jesaja 11:10, 42:1, 45:23, 49:6, Hosea 2:1.25, Joel 3:5
Dienst in Galiläa: Jesaja 8:23, 9:1
Wunder: Jesaja 35:5.6, 42:7, 53:4
Geistliche Tugenden: Psalm 45:8, Jesaja 11:2, 42:1, 53:9, 61:1.2
Predigen: Psalm 2:7, 78:2, Jesaja 2:3, 61:1, Micha 4:2
Tempelreinigung: Psalm 69:10

5. Sein Leiden
Verworfen von Juden und Heiden: Psalm 2:1.2, 22:13, 41:6, 56:6, 69:9, 118:22.23, Jesaja 6:9.10, 8:14.15, 29:13, Kapitel 53, 65:2
Verfolgung: Psalm 22:7, 35:7.12, 56:6, 71:10, 109:2.3, Jesaja 49:7, 53:3
Einzug in Jerusalem: Psalm 8:3, 118:26, Sacharja 9:9
Verraten durch einen Freund: Psalm 41:10, 55:13-15, Sacharja 13:6
Verraten für 30 Silberstücke: Sacharja 11:12
Tod des Verräters: Psalm 55:16.24, 109:17
Kauf des Töpferackers: Sacharja 11:13
Flucht der Jünger: Sacharja 13:7
Falsche Anklage: Psalm 2:1-2, 27:12, 35:11, 109:2
Schweigen vor der Anklage: Psalm 38:14, Jesaja 53:7
Spott: Psalm 22:7.8.18, 109:25
Beleidigung, Schläge, Spucken, Geißelung: Psalm 35:15.16.21, Jesaja 50:6
Geduldig im Leiden: Jesaja 53:7-9
Kreuzigung: Psalm 22:15.17
Galle und Essig: Psalm 69:22
Gebet für die Feinde: Psalm 109:4
Ausruf am Kreuz: Psalm 22:2, 31:6
Tod im blühenden Lebensalter: Psalm 89:46, 102:24
Tod unter Verbrechern: Jesaja 53:9.12
Begleitung seines Todes durch Naturereignisse: Amos 5:20
Verlosung seines Gewandes: Psalm 22:19
Gebeine nicht gebrochen: Psalm 34:21
Durchbohrt: Psalm 22:17, Sacharja 12:10, 13:6
Freiwilliger Tod: Psalm 40:7-9
Stellvertretendes Leiden: Jesaja 53:4-6.12, Daniel 9:26
Begraben im Grab eines Reichen: Jesaja 53:9

6. Seine Auferstehung
Psalm 16:9-11, 30:4, 41:11, 118:17, Hosea 6:2

7. Seine Himmelfahrt
Psalm 16:11, 24:7, 68:19, 110:1, 118:19

8. Sein Friedensherrschaft und seine Wiederkunft
Psalm 50:3-6, Jesaja 9:5.6, 66:18, Daniel 7:13.14, Sacharja 12:10, 14:4-8

Weltweite und ewige Herrschaft: 1 Chronik 17:11-14, Psalm 2:6-8, 8:7, 45:7-8, 72:11, 110:1-3, Jesaja 9:6, Daniel 7:1

41

Die Zeit zwischen dem Alten und dem Neuen Testament

Etwa 400 Jahre

Die Juden in Judäa standen die meiste Zeit unter Fremdherrschaft:
1.) Persische Herrschaft - Befehl des Kyrus 536-333 v. Chr.
2.) Griechische Herrschaft - 333-323 (Alexander der Große)
3.) Ägyptische Herrschaft (Dynastie der Ptolemäer) - 323-204
4.) Syrische Herrschaft (Seleukiden) - 204-165
5.) Unabhängigkeit unter den Makkabäern (165-63)
6.) Römische Herrschaft nach der Eroberung Judäas durch Pompejus 63 v. Chr.

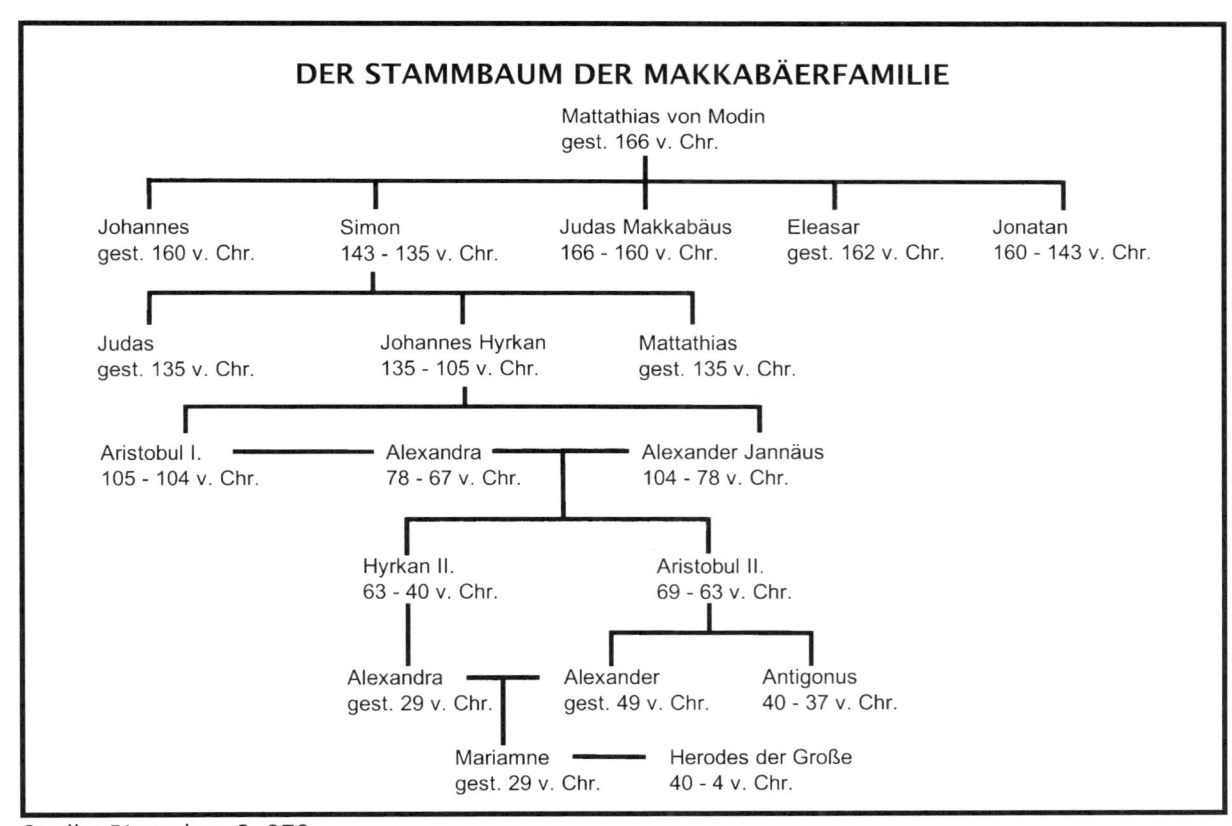

DER STAMMBAUM DER MAKKABÄERFAMILIE

Mattathias von Modin
gest. 166 v. Chr.

- Johannes — gest. 160 v. Chr.
- Simon — 143 - 135 v. Chr.
- Judas Makkabäus — 166 - 160 v. Chr.
- Eleasar — gest. 162 v. Chr.
- Jonatan — 160 - 143 v. Chr.

Kinder von Simon:
- Judas — gest. 135 v. Chr.
- Johannes Hyrkan — 135 - 105 v. Chr.
- Mattathias — gest. 135 v. Chr.

Kinder von Johannes Hyrkan:
- Aristobul I. — 105 - 104 v. Chr.
- Alexandra — 78 - 67 v. Chr.
- Alexander Jannäus — 104 - 78 v. Chr.

Kinder von Alexandra und Alexander Jannäus:
- Hyrkan II. — 63 - 40 v. Chr.
- Aristobul II. — 69 - 63 v. Chr.

- Alexandra (Tochter Hyrkans II.) — gest. 29 v. Chr.
- Alexander (Sohn Aristobuls II.) — gest. 49 v. Chr.
- Antigonus — 40 - 37 v. Chr.

- Mariamne — gest. 29 v. Chr. — ∞ Herodes der Große — 40 - 4 v. Chr.

Quelle: Rienecker, S. 878.

Entstehung der Synagoge:
Lokale Zentren, in denen die Schriften studiert wurden, in denen gemeinsam gebetet wurde (liturgischer Gottesdienst) und in denen Unterweisung stattfand (Schule). Entstehung im Babylonischen Exil oder kurz nach dem Exil.

Entstehung neuer religiöser Gruppen und Institutionen:

Schriftgelehrte: Experten für die Interpretation und Anwendung des Gesetzes und des Alten Testaments.

Pharisäer: „Die Abgesonderten". Eine einflussreiche Sekte, die sich von allen anderen auf der Grundlage des Gesetzes und der vielen Auslegungen und Regeln der Schriftgelehrten absonderten. Viele Schriftgelehrte waren auch Pharisäer. Die Pharisäer waren eine kleine (nie mehr als 6000 Mitglieder), aber sehr einflussreiche Gruppe. Entstanden in der Makkabäerzeit. Die Pharisäer waren Traditionalisten und damit gegen die griechische Kultur und die römische Besatzungsmacht eingestellt.

Sadduzäer: Eine aristokratische Gruppe um die reichen und einflussreichen Priesterfamilien. Auch aus der Makkabäerzeit hervorgegangen. Ihnen ging es mehr um Macht als um Religion. Sie waren offen für die griechische Kultur und theologisch liberal. Sie versuchten, sich mit den Römern zu arrangieren. Die meisten Priester waren Sadduzäer.

Herodianer: Eine politisch motivierte Partei. Sie sahen ihre Hoffnung auf nationales Weiterbestehen darin, König Herodes und sein Königtum zu unterstützen. Sie waren Rom freundlich gesinnt.

Zeloten: Eine nationalistische Partei, die nach 63 v. Chr. entstand, nachdem Judäa unter römische Kontrolle geraten war. Sie kämpfte mit Waffengewalt gegen die Besatzungsmacht Rom und verübte Anschläge gegen römische Soldaten, aber auch gegen Landsleute mit romfreundlicher Gesinnung.

Hoher Rat: Die höchste religiöse und zivile Regierung der Juden und das oberste Gericht. Entstanden im frühen 3. Jh. v. Chr.
Der Rat bestand aus dem Hohepriester und
    24 Priestern: die Oberpriester jeder Abteilung,
    24 Ältesten: Repräsentanten der Laien,
    24 Schriftgelehrten.

(S. z. B. Matthäus 16:21 – *Älteste, Hohepriester, Schriftgelehrte*)

Jüdische Schriften:

Halacha (Gesetzesregeln)
    + Aggada (freie Auslegungen, moralische und praktische Geschichten, Illustrationen, ...)
      = Mischna (rechtsverbindlicher Gesetzeskodex)
        + Gemara (Kommentar zur Mischna)
          = Talmud

Nachbau einer Synagoge aus dem 1. Jh. n. Chr. im „Nazareth Village", Israel.

Literaturverzeichnis

Archer, Gleason L.: *A Survey of Old Testament Introduction.* Chicago, 1994.

Baxter, J. Sidlow: *Explore the Book. A Survey and Study of Each Book from Genesis through Revelation.* Grand Rapids, Michigan, 1966.

Ellisen, Stanley A.: *Von Adam bis Maleachi. Das Alte Testament verstehen.* Dillenburg, 2005.

Geisler, Norman: *A Popular Survey of the Old Testament.* Grand Rapids, Michigan, 1977.

Halley, Henry H.: *Halley's Bible Handbook. An Abbreviated Bible Commentary.* Grand Rapids, Michigan, 1965.

Morgan, G. Campbell: *Handbook for Bible Teachers and Preachers. Applications to Life from Every Book of the Bible.* Grand Rapids, Michigan, 1982.

Morgan, G. Campbell: *The Analyzed Bible.* Grand Rapids, Michigan, 1995.

Rienecker, Fritz: *Lexikon zur Bibel.* Wuppertal, 1991.

Scroggie, W. Graham: *The Unfolding Drama of Redemption.* Grand Rapids, Michigan, 1994.

The New Open Bible: *Study Edition.* Nashville, 1990.

Unger, Merrill F.: *The New Unger's Bible Dictionary.* Chicago, 1988.